Oliver Hauschke

SCHAFFT DIE SCHULE AB

Oliver Hauschke

SCHAFFT DIE SCHULE AB

Warum unser Schulsystem unsere Kinder nicht bildet und radikal verändert werden muss

mvgverlag

Bibliografische Information der Deutschen Nationalbibliothek
Die Deutsche Nationalbibliothek verzeichnet diese Publikation in der Deutschen Nationalbibliografie. Detaillierte bibliografische Daten sind im Internet über http://dnb.d-nb.de abrufbar.

Für Fragen und Anregungen:
info@mvg-verlag.de

Originalausgabe
1. Auflage 2019

Nymphenburger Straße 86
D-80636 München
Tel.: 089 651285-0
Fax: 089 652096

Redaktion: Thomas Bertram
Umschlaggestaltung: Pamela Machleidt
Umschlagfoto: Nils Schwarz
Satz: Daniel Förster, Belgern
Druck: CPI books GmbH, Leck
Printed in Germany

ISBN Print 978-3-7474-0042-5
ISBN E-Book (PDF) 978-3-96121-375-7
ISBN E-Book (EPUB, Mobi) 978-3-96121-376-4

INHALT

WARUM WIR DIE SCHULE ABSCHAFFEN MÜSSEN

Eine bekannte Karikatur beschreibt ziemlich genau unser Bildungs- und Gesellschaftssystem. Sie zeigt verschiedene Tiere, die alle die Aufgabe haben, einen Baum hinaufzuklettern. Doch diese Tiere – Vogel, Affe, Elefant, Goldfisch im Glas, Robbe – haben ganz unterschiedliche Fähigkeiten und Fertigkeiten, die es ihnen erleichtern, erschweren oder gänzlich unmöglich machen, die Aufgabe zu bewältigen. Hier gilt Albert Einsteins Satz:

> *»Jeder ist ein Genie! Aber wenn du einen Fisch danach beurteilst, ob er auf einen Baum klettern kann, wird er sein ganzes Leben glauben, dass er dumm ist.«*

Die Karikatur illustriert perfekt, wie es in den letzten Jahrzehnten, wenn nicht Jahrhunderten in unseren Schulen gelaufen ist. Es gibt die Schüler/innen, die sie ohne Problem durchlaufen, es gibt jene, die es an der einen oder anderen Stelle schwer haben, und dann sind da noch diejenigen, die am Ende immer scheitern, egal, welche Schule sie besuchen.

Für die Gesellschaft ergeben sich daraus schwerwiegende Probleme. Nicht genug damit, dass wir wertvolles Potenzial einfach ungenutzt lassen, schaffen wir auch gleichzeitig eine Gesellschaft, in der einige das Gefühl haben, weniger wertvoll zu sein als andere, da sie eine Aufgabe lösen mussten, an der sie nur scheitern konnten und die sich so gar nicht an ihren Talenten und Fähigkeiten orientierte. Die anderen hingegen, auf die das System besser zugeschnitten ist oder die über die unglaubliche Fähigkeit zur Anpassung verfügen, werden das System erfolgreich durchlaufen und glauben, dass sie besser sind als die anderen, da sie es ja geschafft haben. Womöglich blicken sie auf die anderen herab und sind der Meinung, dass diese sich nicht genug angestrengt haben oder einfach zu dumm sind. Das führt zwangsläufig zu gesellschaftlichen Spannungen. Spannungen, die wir uns selbst zuzuschreiben haben.

Auch der glücklose und sinnlose Versuch der Einführung integrativer Gesamtschulen (IGS), wie sie heutzutage wieder zahlreich aus dem Boden sprießen, hat keine wesentliche Veränderung gebracht. Zwar sind sie der Versuch, es anders (und besser) zu machen, doch dieser Versuch funktioniert nicht. Und das nicht, weil es schlechte Schulen sind, sondern weil sie Teil eines Systems sind, das von Grund auf falsch ist. Die IGS muss sich, wie alle Schulen, diesem System unterwerfen und bietet daher gerade so viel Veränderung, wie das System bereit ist zuzulassen. Der Freiraum ist jedoch so eingeschränkt, dass die IGS sich gar nicht richtig entfalten kann. Im Grunde versucht sie lediglich, den einen und anderen Riss in der Institution Schule zu kitten. Das ganze Gebäude zu sanieren schafft sie nicht, kann sie nicht und darf sie nicht schaffen. Das größte Problem dieser Schulform ist, dass sie versucht, etwas zu verändern, gleichzeitig aber an das System gebunden ist. Der Versuch ist daher von vornherein zum Scheitern verurteilt.

Die IGS versucht sicherlich, die Lernsituation für die Schüler/innen zu verbessern. Dazu hat sie verschiedene Konzepte. Wenn wir die IGS am Beispiel der Karikatur erklären, macht sie etwa Folgendes: Da in der Gruppe Tiere wie Goldfisch und Robbe sind, die an der Aufgabe, einen Baum hinaufzuklettern, scheitern müssen, weil sie deren Fähigkeiten ignoriert, versucht die IGS auch diesen Tieren gerecht zu werden. Und weil sie den Baum nicht abschaffen kann, denn er ist von den Kultusministerien vorgegeben, verändert sie die Aufgabenstellung im Vorfeld ein wenig. Um Gerechtigkeit herzustellen, verpflanzt die IGS diesen Baum einfach in einen See. Dieser See ermöglicht immerhin Fisch und Robbe Erfolgserlebnisse und motiviert sie. Denn solange sie im Wasser sind, glauben sie an ihren Erfolg, da sie den Baum noch nicht kennen.

Die IGS versucht also, Gerechtigkeit herzustellen, indem sie für Affe und Elefant den See als Herausforderung schafft und damit den Umstand ausgleicht, dass Fisch und Robbe am Ende auf den Baum klettern müssen.

Der Affe, der die Aufgabe ohne See problemlos gemeistert hätte, sieht sich nun mit einer Schwierigkeit konfrontiert: dem See. Ist er kein oder ein schlechter Schwimmer, muss er scheitern. Schafft er es hingegen, den See zu bezwingen, schafft er es auch problemlos auf den Baum. Es sei denn, das Schwimmen hat ihn derart erschöpft, dass ihm keine Kraft mehr zum Klettern bleibt.

Der Elefant, der zunächst sein Scheitern vor Augen hatte, sieht nun eine Chance, die Aufgabe zu meistern. Schwimmen kann er in der Regel gut, und mit dem Problem Baum wird er sich später beschäftigen. Womöglich findet er beim Durchqueren des Sees eine Lösung, jedoch nur, um nach all der Mühe, die er sich gab, zu erkennen, dass sein Hoffen eine Illusion war und es für ihn keine Lösung des Problems Baum gibt. Am Ende scheitert er an ihm ebenso, wie Fisch und Robbe scheitern.

Der Fisch schafft es nicht einmal an Land, die Robbe hingegen kann sich noch bis zum Fuß des Baumes vorarbeiten. Alle drei, Elefant, Fisch und Robbe, werden die letzte Aufgabe nicht meistern, jene Aufgabe, die über ihren Wert als Lebewesen und für die Gesellschaft entscheidet. Eine einzelne kleine Aufgabe sagt ihnen, wie wertvoll sie sind. Besitzen sie ein gesundes Selbstvertrauen, werden sie sich damit abfinden können und sich mit dem begnügen, was die Gesellschaft bereit ist, ihnen übrig zu lassen. Andere werden sich einreden, alles habe seine Ordnung. Um mit der Situation umgehen zu können, reden sie sich ihre unmittelbare Lebenswelt schön.

Der Vogel hingegen wird immer gewinnen, solange das Ziel der Baum ist und er nicht vorher noch etwas vom Boden des Sees holen muss. Welche Schulform der Vogel auch wählt, er wird die Aufgabe meistern.

Wir haben also auch in der IGS weiter all diejenigen, die schon immer die Gewinner und Verlierer des Systems waren. Einem Teil der Verlierer gaukeln wir vor, sie könnten doch gewinnen, und belügen sie damit. Ihr Erwachen wird dann besonders schlimm. Und wir haben ursprüngliche Gewinner, die wir zu Verlierern machen (manche Affen), womit wir die Zahl der Verlierer erhöhen. Mehr Gewinner jedoch haben wir nicht, obwohl genau dies eigentlich zu wünschen gewesen wäre.

Dabei wäre es gar nicht so schwierig, all die Missstände und Mängel von Schule zu vermeiden, indem wir die Schule revolutionieren, was bedeutet, sie in der heutigen Form abzuschaffen und durch etwas zu ersetzen, das kind- und gesellschaftsgerecht ist, das auf den Erkenntnissen der Wissenschaft über Lernen, Lernprozesse, Entwicklung und Gehirnforschung basiert und das Lernen und Schule zu etwas macht, das *wirklich* Spaß bringt, nachhaltig ist und jedem Einzelnen (im wahrsten Sinne des Wortes) gerecht wird.

In einem Leserbrief zu Manuel Hartungs *Zeit*-Artikel »Im Leererzimmer«[1], der sich mit dem deutschlandweiten Lehrermangel auseinandersetzt, macht eine Leserin den Vorschlag, dass alle Kultusminister/innen zurücktreten sollten, denn sie hätten sich an den Kindern vergangen und täten dies noch immer.

Und es ist wahrlich erschreckend zu sehen, wie sich unsere Kinder tagtäglich in der Schule bemühen und abmühen, wie sie ackern und rackern, wie sie geben, was sie können, manchmal ihr Bestes, manchmal das, was ihre Tagesform hergibt. Am Ende aber hat man das Gefühl, dass es eigentlich keine Rolle spielt, was sie machen und wie sie es machen, denn das System findet immer irgendwelche Kleinigkeiten oder auch Größeres daran auszusetzen. Und damit tut es genau das, was Schule doch vermeiden soll: Es demotiviert, allzu oft auch frustriert es unsere Kinder und Jugendlichen, Lernen wird zu etwas Unangenehmem, dem man besser aus dem Weg geht.

Dabei soll Lernen Freude machen und Begeisterung wecken. Man soll lernen wollen, so wie es kleine Kinder wollen, nicht müssen, so wie wir Erwachsene es wollen. Lernen muss sich ergeben und kann nicht aufgezwungen werden wie in der Schule. Und wenn es sich ergibt, dann kann man auf interessante wie uninteressante Sachverhalte stoßen.

Ich selbst habe soeben bei der Arbeit an diesem Buch ergebendes Lernen erlebt. Ich wollte das Gegenteil zu dem Wort »Kleinigkeiten« formulieren, und weil mir »Größeres« nicht gefiel und es »Großigkeit« nicht gibt, dachte ich über weitere Antonyme nach.

Wenn Sie jetzt nicht wissen, was ein *Antonym* ist, müssen Sie sich keine Gedanken machen. Sie sind deswegen kein schlechterer Mensch, und ungebildet sind Sie auch nicht. Sie brauchen auch keine Angst zu haben, in Ihrem weiteren beruflichen Leben deswegen auf Hindernisse zu stoßen oder gar Ihre Zukunft gänzlich zu verbauen. Landläufig benutzen wir das Wort »Gegenteil« oder »Gegensatz« und kommen damit auch gut aus.

Ich war jedenfalls auf der Suche nach einem schönen Antonym und stellte fest, dass es zu »Kleinigkeiten« keines gibt.

Also tat ich das, was vor allem die Jüngeren unter uns in solchen Momenten tun: Ich recherchierte im Internet. Doch ich merkte recht schnell, dass es mit Antonymen zu »Kleinigkeiten« nicht weit her ist. Die drei, die man mir nannte – »Schwierigkeit«, »Größe«, »Wichtigkeit« –, gefielen mir nicht. Keines davon passte in den obigen Satz. Also entschied ich mich für die Formulierung »oder auch Größeres«.

Allerdings stieß ich bei meinen Recherchen auf etwas Interessantes, etwas, das bei mir ganz nebenbei einen Lernprozess auslöste. Dieser Lernprozess war weder aufgesetzt noch erzwungen, sondern ergab sich aus meiner Suche nach dem Antonym. Während meiner Recherche erfuhr ich, dass das Wort »Kleinigkeit« nicht auf dem Diminutiv »klein« fuße, sondern auf dem ripuarischen Wort »Keid«, was so viel wie »Korn«, »Keim« oder »Gerstenkorn« bedeutet.[2] Bei einer Kleinigkeit handelt es sich folglich um ein winziges Ding, weswegen eine Wortkonstruktion, wie »Großigkeit« als Gegenteil nicht möglich ist.

Die Aussage, dass *Kleinigkeit* nicht von *klein*, sondern von *Keid* abstamme, faszinierte mich. Darauf wäre ich nie gekommen, und wahrscheinlich war diese Herleitung auch nur Sprachwissenschaftlern unmittelbar einsichtig.

Im Übrigen suchte ich auch nach einem schönen Antonym zu »begeistern«, und was mir spontan als Erstes einfiel, war *entgeistern*. Leider passt *entgeistern* nicht, denn es bedeutet laut Duden »völlig verstört, sprachlos (vor Erstaunen, Überraschung, Entsetzen)«.

Diese Erkenntnis mag eher unwichtig sein, aber ich werde sie so schnell nicht vergessen, denn ich habe die Erklärung mit Verwunderung und Erstaunen gelesen, und deswegen habe ich etwas gelernt – im wahrsten Sinne des Wortes. Und wenn der Mensch mit Erstaunen lernt, so lernt er sogar die unwichtigsten Dinge, selbst wenn sie gar nicht der eigentliche Lerngegenstand sind.

Wäre ich hingegen an das Thema Antonyme herangegangen, wie es die Schule macht, dann hätte ich beliebig viele Antonyme gesucht, die aber keine Bedeutung für mich gehabt hätten, und ein Lernprozess wäre, wenn überhaupt, nur schwer möglich gewesen.

Damit Lernen dauerhaft erfolgreich ist, muss es nachhaltig sein. Eine Grundvoraussetzung dafür ist, die Kinder und Jugendlichen in Erstaunen und Verwunderung zu versetzen. Das aber machen die Schulen nicht. Sie schaffen es nicht, sie zu begeistern, obwohl genau das schon seit Jahrzehnten gepredigt wird: in der Öffentlichkeit, im Studium und im Referendariat. Stattdessen entmutigen, desillusionieren, deprimieren, unterdrücken und betrüben sie unsere Kinder. Und uns Erwachsene oft auch. Und weil die Schule das macht, lernen unsere Kinder und Jugendlichen nicht nachhaltig und gehen meist nicht gern zur Schule. Zumindest nicht mehr, sobald sie verstanden haben, dass die Schule nicht für sie da ist, sondern für den Staat und die Wirtschaft, damit aus ihnen brave Arbeitssoldaten werden, die möglichst wenig eigenständig denken. In dem Moment, in dem Schüler/-innen merken, dass sie nicht für sich, sondern für andere lernen, stellen sie oft das Lernen ein, und es wird überaus anstrengend. Das ist kritisch und mag bösartig klingen, doch genau das ist es, was die Schule macht und worauf sie ausgelegt ist. Und das ist auch der Grund, warum es – trotz jahrzehntelanger Bildungsdiskussion – noch keine wesentliche Veränderung der Schule in Deutschland gegeben hat. Alle wirklichen Veränderungen, alle Neuerungen, welche die Schule kindgerechter machen würden, hätten am Ende zur Folge, dass die Schule sich völlig neu erfinden und den Lehrkräften ans Herz gewachsene Inhalte radikal gestrichen werden müssten. Das aber ist nicht gewollt, denn das *Bewährte* lässt sich politisch immer besser verkaufen als das unsichere Neue, vor dem alle ein wenig Angst haben und das Politiker schon so manche Wählerstimme gekostet hat.

Die Schule in ihrer heutigen Form bedarf dringend einer Revolution, um sie zu dem zu machen, was sie sein sollte. Wir müssen die Schule von Grund auf neu gestalten, denn eine Reform von innen heraus ist unmöglich und von vornherein zum Scheitern verurteilt. Andernfalls hätten all die guten Ideen zur Schule und zum Lernen, die seit Jahrzehnten bekannt sind, schon längst tief greifend Einzug in diese Institution gehalten. Wir müssen die Schule nicht neu denken, jedoch den Mut haben, die bekannten hervorragenden Ideen konsequent in allen öffentlichen Schulen umzusetzen.

Eine Schule in der bisherigen Form hingegen, die nichts produziert als unzufriedene Kinder und Jugendliche, deren wertvolle Lebenszeit wir stehlen, um ihnen etwas einzutrichtern, das sie später größtenteils vergessen und nicht brauchen, auch wenn wir uns das Gegenteil einreden, hat ihre Berechtigung schon lange verloren. Wir wissen aus eigener Erfahrung, dass wir es nicht brauchen. Da aber auch wir mit großer oder kleiner Anstrengung das System durchlaufen haben, glauben wir den fadenscheinigen Begründungen, warum wir all das Gelernte doch bräuchten, denn so erscheinen unsere Mühen uns am Ende angenehmer. Unseren Kindern sollten wir das jedoch nicht antun und deswegen die Schule in ihrer jetzigen Form gänzlich abschaffen und durch Lernorte ersetzen, die kind- und jugendgerecht sind und die Schüler/innen in den Vordergrund stellen – und nicht sich selbst.

Nun werden viele Leser/innen zu Recht einwenden, lamentieren könne jeder und an der Schule sei schon immer herumgemeckert worden. Und da jeder seine eigenen Erfahrungen mit Schule gemacht hat, sei es als Schüler oder auch später als Elternteil, seien solche Gemeinplätze wohlfeil.

Ich werde daher in den folgenden Kapiteln versuchen, Ihnen einen Einblick in das zu geben, was und wie unsere Kinder in der Schule lernen müssen, warum sie es lernen sollen, warum die Lerninhalte oft unsinnig und die Lernmethoden nicht unbedingt angebracht sind, was wir beim Lernen meist nicht berücksichtigen und wie wir das eine oder andere besser machen können.

Wissenschaftliche und pseudowissenschaftliche Bücher über Bildung gibt es viele. In ihnen werden die unterschiedlichsten Meinungen vertreten. Ich werde auf den folgenden Seiten hingegen weitgehend aus meiner Erfahrung als Vater von zehn Kindern, als langjähriger Gymnasiallehrer und Schulleiter berichten. Auf wissenschaftliche Erkenntnisse werde ich hin und wieder Bezug nehmen. Dabei werde ich weder meine Kolleg/innen in Schutz nehmen noch versuchen, alles zu rechtfertigen, was in der Schule so ist, wie es ist. Stattdessen werde ich Ihnen vor Augen führen, welchen Blödsinn Ihre Kinder lernen sollen, und warum ich finde, dass es Blödsinn ist, wohl wissend, dass viele andere diese Lerninhalte ganz wichtig und richtig finden.

Natürlich dürfen Sie sich gerne selbst Gedanken machen und eine eigene Meinung bilden. Aber was und wie auch immer Sie denken, denken Sie *selbst* darüber nach. Lassen Sie sich dabei auch meine Gedanken durch den Kopf gehen und wälzen Sie sie hin und her. Lassen Sie sich von Ihren eigenen Erfahrungen als Schüler/in leiten, vom dem, was Sie in Ihrer Schulzeit über Schule dachten, und von den Erfahrungen, die Sie als besorgte Eltern mit Schule gemacht haben.

Man kann für alles eine gute Erklärung finden, egal, ob es richtig oder falsch ist. Und allzu oft dient uns diese Erklärung lediglich dazu, den Status quo zu erhalten, was uns gleichzeitig vom Nachdenken über Veränderungen und der Arbeit an ihnen entlastet. Aber damit kommen wir hier nicht weiter. Denn bei der Schule geht es um uns und die Gesellschaft, in der wir leben. Es geht um die wichtigste Ressource, die wir haben, unsere Kinder, letztlich also um uns selbst, denn wir waren auch einmal Kinder, was wir leider allzu oft vergessen.

Es ist für uns alle wichtig, die Schule besser zu machen, und zwar *wirklich besser*. Es geht nicht darum, an ein oder zwei Rädchen zu drehen. Die Schule muss in ihrer Gesamtheit neu aufgebaut werden. Schulbehörden und Lehrkräfte brauchen dafür viel Mut, genauso wie die Eltern diesen Mut brauchen. Denn mit Erneuerungen gehen stets Unsicherheiten und Ängste einher, insbesondere die Unsicherheit, ob das Neue denn auch wirklich besser sei, und die Angst, es könnte schlechter sein.

John D. Rockefeller sagte einmal, man solle keine Angst davor haben, das Gute für das Bessere aufzugeben. Die Schule in ihrer heutigen Form ist aus meiner Sicht nicht gut. Vielleicht ist sie zweckmäßig. Mehr aber auch nicht. Für unsere Kinder aber muss sie besser sein.

Da die Schule also nicht gut ist, sollte es uns leichter fallen, das Neue anzugehen, denn es kann nur besser werden.

DIE NORMIERUNG UNSERER KINDER

Ich bin kein großer Freund von PISA, der in regelmäßigen Abständen auftauchenden Vergleichsstudie, oder anderer, ähnlicher Studien. Zu Anfang fühlte ich mich als Lehrer durch solche Studien zu Unrecht kritisiert, mühte ich mich doch tagtäglich damit ab, meinen Schüler/innen bei der Vorbereitung auf das (Berufs-)Leben zu helfen und ihnen das dafür nötige Rüstzeug mitzugeben. Dafür hatte ich Jahre studiert und ein Referendariat hinter mich gebracht. Und jetzt sagten mir diese Studien, dass all das gar nicht hilfreich sei und dass ich meine Arbeit nicht ordentlich machte, denn meine Schützlinge schnitten im weltweiten Vergleich nicht gut ab.

Heute empfinde ich diese Kritik nicht mehr als belastend, denn Kritik an unserem Bildungssystem ist mehr als angebracht. Meine anfänglichen Zweifel daran, wie Schule in der Praxis aussah, führte ich auf meine Unerfahrenheit und Unwissenheit zurück. So lernte ich, was zu lernen war, doch meine Zweifel sorgten immer wieder dafür, dass mein Weg durch die Schullaufbahn ein sehr steiniger war. Ich musste die Schule erst mehr als 15 Jahre lang durchlaufen und tagtäglich erleben, um meinen Zweifeln wieder Glauben zu schenken und zu der Erkenntnis zu gelangen, dass Schule in der heutigen Form abgeschafft gehört.

Heute bin ich der Meinung, dass wir Lehrer/innen unseren Beruf völlig falsch ausfüllen, dass wir völlig falsch lernen, was wir unseren Kindern beibringen und wie wir es ihnen beibringen sollen. Auch wenn sich das eine oder andere Studienseminar abmühen mag, Unterricht in Teilen zu verbessern, am System kommt niemand vorbei.

Dennoch halte ich wenig von PISA, weil die Studie nichts anderes macht als die Schule: Sie vergleicht. PISA und Schule setzen für Menschen, die sich unterschiedlich entwickeln, Maßstäbe, die diese zu einem bestimmten Zeitpunkt erreicht haben sollten. Allerdings benutzt PISA den Vergleich nicht dazu, die Schüler/innen zu bewerten, sondern, mittelbar durch diese, die Schule. Beide Systeme gehen davon aus, dass die Schüler/innen zu einem bestimmten Zeitpunkt, zum Beispiel in der Klasse 8, einen bestimmten Leistungs- und Lernstand erreicht haben sollten. Während die Schule Schüler/innen diesen Stand mit einer Note quittiert, präsentiert PISA den Schulen die Rechnung.

Das ist grundsätzlich in Ordnung, denn wenn eine Institution die Quittung für die unterdurchschnittlichen Leistungen unserer Kinder bekommen sollte, dann die Schule. Die Lehrer/innen vor Ort trifft dabei weniger die Schuld. Sie erfüllen lediglich die Aufgabe, die man ihnen stellt, nach den Maßgaben des Systems. Vorwerfen kann man ihnen allerdings, dass sie diese Maßgaben akzeptieren. Die Abmahnung durch die PISA-Studie gilt vielmehr dem System Schule als Ganzem, ihrer Struktur und den dafür verantwortlichen Politikern, Verbänden, Seminar- und Schulleitungen, die seit Jahrzehnten stur an einem völlig veralteten und verfehlten System festhalten.

PISA vergleicht nicht nur unterschiedliche Schul-, sondern auch unterschiedliche Kultursysteme miteinander. Doch weil Lernen ein sehr individueller Prozess ist, gestaltet sich schon ein schulinterner oder landesinterner Vergleich als schwierig. Ein internationaler Vergleich, bei dem unendlich viele verschiedene Einflussfaktoren auf die unterschiedlichen Schüler/innen einwirken, scheint da fast unmöglich.

Darüber hinaus vergleicht die Studie zwangsweise bereits bestehende Systeme und ordnet diese in Rangstufen ein. Da sich eine solche Studie auf vorhandene Praxisbeispiele stützen muss, bleibt ihre Aussagekraft begrenzt. Andere Modelle, die denkbar, wünschenswert und womöglich besser wären, jedoch noch nirgendwo in die Praxis umgesetzt wurden, bleiben dabei leider außen vor.

Mit dieser zwangsläufigen Einschränkung geht ein weiteres Problem einher: Einzelne Länder und deren Schulsysteme beschränken ihre Evaluation ausschließlich auf die vorhandenen Modelle und denken nicht darüber hinaus. Man stellt fest, dass skandinavische oder asiatische Schulen besser abschneiden, und fragt sich zu Recht, warum. Aber man fragt sich nicht, ob es noch bessere Möglichkeiten von Schule gibt und wie diese aussehen könnten.

In Deutschland ist der Vergleich mit dem Ausland besonders problematisch, da es sich bei den erfolgreichen Schulen in der Regel um Gesamtschulen handelt. Da geht die Gymnasiallobby sogleich in Abwehrstellung, zumal in der Bundesrepublik seit Jahrzehnten ein ideologischer Kampf zwischen Gesamtschule und dreigliedrigem Schulsystem geführt wird, den beide Seiten gewinnen wollen.

Meiner Ansicht nach müssen wir endlich mit diesen Vergleichen aufhören. Das ständige Messen, Kategorisieren und Beurteilen muss ein Ende haben, denn es macht nicht nur unsere Kinder, sondern auch unsere Gesellschaft krank. Es geht uns kaum noch darum, ein sinnvolles, erfülltes Leben zu leben. Es geht nur noch darum, sich zu optimieren, die oder der Beste zu sein, Höchstleistungen zu erbringen, sich die beste Ausgangsposition für das Berufsleben zu verschaffen und sich dabei stets mit der eigenen Altersgruppe zu vergleichen. Das fängt schon nach der Geburt an, wenn Eltern die Entwicklungsgeschwindigkeit ihres Nachwuchses mit dem Tempo vergleichen, welches die Sprösslinge anderer Eltern an den Tag legen. Da wird dann geschaut, welches Kind eher auf den Bauch rollen, krabbeln, laufen und sprechen kann.

Und die Kinderärzte kategorisieren, von der Politik gezwungen, die Kinder fröhlich weiter. Bei jeder Untersuchung wird geschaut, ob man ein »Normkind« hat oder ob – und inwieweit – es von der Norm abweicht. Und bei zu starken Abweichungen muss sogleich etwas unternommen werden, um nur ja nicht den Zeitpunkt zu verpassen, aus den Kindern möglichst früh Normkinder zu machen.

Ihr Säugling trinkt in den ersten Wochen nicht ordentlich und nimmt nicht an Normgewicht zu? Dann stimmt mit dem Kind wohl etwas nicht. Machen Sie sich Sorgen! Pumpen Sie Muttermilch ab und geben Sie ihm die Flasche! Füttern Sie zu! Oder geben Sie das Kleine gleich wieder ins Krankenhaus, um es künstlich ernähren zu lassen!

Ihr Kind kommt in den Kindergarten und kann noch nicht jedes Wort sauber aussprechen? Machen Sie sofort einen Termin beim Logopäden! Ihr Kind braucht dringend professionelle Unterstützung, denn es ist zurückgeblieben. Es hat starke Mängel im sprachlichen Bereich, die dazu führen, dass es im täglichen Vergleich mit den anderen Kindergartenkindern psychisch leidet und am Ende gar einer Therapie bedarf. Womöglich hat Ihr Kind eine fehlgebildete Zunge, die dafür sorgt, dass es bestimmte Wörter nicht korrekt aussprechen kann. Dieser Fehler sollte sofort behoben werden. Und dann die Zähne. Am besten, Sie vereinbaren schon mal eine Langzeittherapie mit einem Kieferorthopäden.

Sicherlich karikiere ich an dieser Stelle. Natürlich ist eine gewisse Kontrolle der Entwicklung unserer Kinder sinnvoll. Niemand möchte, dass sie irgendwelche Mängel erleiden. Doch man hüte sich vor Übertreibung. Ich möchte Ihnen an einem Beispiel verdeutlichen, was ich meine. Als Vater von zehn Kindern konnte ich über die Jahre hinweg viele interessante Beobachtungen machen und habe dadurch sehr viel über Menschen, deren Entwicklung und Lernprozesse gelernt. Wenn Sie also selbst Feldstudien betreiben wollen, schaffen Sie sich viele Kinder an. Sie tun damit gleichzeitig etwas für Ihre Rente.

Als mein Sohn sprechen lernte, gelang es ihm nicht, seine Zunge beim S hinter den Zähnen zu platzieren. Er lispelte folglich. Alles laienhafte Üben zu Hause blieb erfolglos, allerdings unternahmen weder meine Frau noch ich besonders intensive Versuche, ihm das Lispeln abzugewöhnen. In unseren Augen war es Teil seiner Entwicklung, und wir vertrauten darauf, dass sich das Problem mit der Zeit von alleine lösen würde. Der Kinderarzt hingegen sah schon früh Handlungsbedarf und riet uns, einen Logopäden aufzusuchen, damit unser Sohn rechtzeitig etwas gegen seinen Mangel unternehmen konnte. Meine Frau und ich lehnten diesen Vorschlag ab, denn wir waren der Meinung, wir sollten einfach ein wenig Geduld haben.

Doch auch im Kindergarten lispelte unser Sohn weiter, sodass die Erzieherinnen uns ebenfalls ans Herz legten, professionelle Hilfe in Anspruch zu nehmen. Immerhin stand ja auch bald die Einschulung an. Meine Frau und ich lehnten den Besuch eines Therapeuten weiter ab. So ging unser Sohn als Lispler zur Schule, wo er bald darauf seine Milchzähne verlor. Und mit den neuen Schneidezähnen, die sich als natürliche Barriere für die Zunge meines Sohnes erwiesen, hörte er plötzlich auf zu lispeln und hatte keine Probleme mehr mit der korrekten Aussprache des S. Und das alles ohne professionelle Hilfe. Nur mit Geduld und Vertrauen in die Entwicklung unseres Sohnes.

Auch eine unserer Töchter hatte anfangs ein Sprachproblem. In ihrem Fall probierten wir einen Logopäden aus. Doch da sie sich weigerte, die Übungen zu machen, die sie als blöd empfand, brachen wir die Behandlung ab. Auch ihr schadete das nicht, denn ihr Problem löste sich ebenfalls von alleine im Zuge der natürlichen Entwicklung, die kurzfristig zeitlich außerhalb der bürokratischen Normskala lag.

Wie diese Beispiele zeigen, sind ständige Vergleiche mit Gleichaltrigen nicht unbedingt notwendig und förderlich. Stattdessen versetzen sie Eltern und auch die Kinder in Angst und lassen sie an sich selbst zweifeln. Schließlich möchte jedes Kind zunächst einmal der Norm entsprechen. Es möchte so sein wie die anderen auch. Kinder fühlen sich oft von ganz allein als außerhalb der Norm befindlich. Während alle anderen perfekt sind, nehmen sie vieles an ihrem Körper als mangelhaft wahr. Das ist ganz natürlich. Dieses

Empfinden sollten wir nicht noch mit Normierungswut und ständigem Vergleichswahn verstärken. Vielmehr sollten wir den Kindern deutlich machen, dass der Mensch sich nun einmal unterschiedlich schnell entwickelt und dass starke wie schwache Abweichungen in der Entwicklungsphase völlig normal sind.

Sich mit anderen zu vergleichen, ist ein natürliches Verhalten. Aber wir sollten es damit nicht übertreiben, sondern der Natur einfach ihren sinnvollen Lauf lassen. Immer dort, wo der Zwang des Vergleichs Auswüchse annimmt, sollten wir dem entgegenwirken, damit unsere Kinder selbst Vertrauen in ihre eigene Entwicklung und damit in ihre eigenen Fertigkeiten und Fähigkeiten erlangen. Die natürlichen Vergleiche von Kindern untereinander und mit Älteren können auch positive Auswirkungen haben, wie das folgende Beispiel zeigt.

Es ist auffällig, dass die jüngeren meiner Kinder Fertigkeiten in einem Alter entwickelt haben, in dem ihre älteren Geschwister diese Fertigkeiten noch nicht hatten, und das unabhängig von einzelnen Stärken und Schwächen. So können die jüngeren Kinder, obwohl sie noch längst nicht eingeschult sind, bereits teilweise schreiben, rechnen und auch lesen, während die älteren dies nicht in dem Maße konnten. Die jüngeren konnten sich auch schon viel früher alleine anziehen, sie verstanden früher, wenn Kleidungsstücke falsch herum waren, wenn zum Beispiel ein Ärmel sich verdreht hatte und von innen nach außen gezogen werden musste. Dieses Problem konnten die jüngeren Kinder früher lösen als die älteren. Interessant ist, dass meine jüngeren Kinder hier auch weiterentwickelt sind als viele ihrer Altersgenossen, mit denen sie in Kindergarten und Schule zusammenkommen.

Man könnte es sich nun einfach machen und behaupten, meine älteren Kinder wären weniger intelligent und geschickt als die jüngeren (was durchaus stimmen mag, woran ich allerdings zweifle). Gäben wir uns mit dieser Erklärung zufrieden, dann würden wir die Älteren einfach auf die Realschule und die Jüngeren aufs Gymnasium schicken. Das wollen wir aber nicht, sondern fragen stattdessen, warum Kinder sich derart unterschiedlich entwickeln können. Dabei gehen wir davon aus, dass gleichaltrige Kinder auch über die gleiche oder eine ähnliche Intelligenz verfügten. Wenn dies der Fall ist, benötigen wir eine andere Erklärung für die früher entwickelten Fertigkeiten der jüngeren Kinder.

Meine Frau und ich haben Vertrauen in unsere Kinder und in ihre Entwicklung. Das bedeutet, dass wir sie nicht zwingen, bestimmte Fertigkeiten herauszubilden, was jedoch nicht bedeutet, dass wir nicht bereit sind, sie schon im Vorschulalter zu fördern. Wir regen unsere Kinder zu Lernprozessen an und schaffen Lernmöglichkeiten. Aber wenn sie dann in die Schule gehen, sind auch wir gezwungen, sie zu Lernprozessen zu zwingen, ob wir diese nun für sinnvoll und notwendig erachten oder nicht.

Unsere Kinder können sich vor der Einschulung weitgehend selbst entwickeln. Das wiederum bedeutet, dass sie die Fertigkeit, sich alleine anzuziehen, schon früh selbst entwickelt haben. Dass unsere Kinder das immer früher können, liegt meines Erachtens daran, dass sie selbst entsprechend motiviert sind, weil sie ihre älteren Geschwister beobachten und nachahmen. Dabei lassen sie sich nur ungern von Eltern oder älteren Geschwistern helfen. Meine Frau und ich lassen dies zu, auch wenn der Pullover dann mal falsch herum ist. Wir übernehmen nicht das Anziehen, nur weil wir davon ausgehen (auch wenn berechtigt), dass das Kind sich nicht korrekt anzieht. Wir kritisieren es auch nicht dafür, dass es ihm nicht gelungen ist, sich korrekt anzuziehen. Vielmehr freuen wir uns mit dem Kind, dass es sich angezogen hat, und loben es dafür. Wir loben es einfach für den Versuch. Und das Kind bekommt nicht das Gefühl, seine Bemühungen seien wertlos gewesen.

Kritik wäre unangebracht, denn das Kind hat den Lernversuch freiwillig zu einem Zeitpunkt unternommen, als klar war, dass eine korrekte Ausführung kaum möglich wäre. Unter den gegebenen Voraussetzungen hat es ihn mehr als zufriedenstellend gemeistert. Es bedarf keiner Beurteilung der Leistung nach Noten. So bleibt das Kind motiviert, sich weiterhin alleine anzuziehen. Fehler sind erlaubt und gewollt. Sie dienen der Erfahrung. Eine Korrektur findet positiv begleitend statt. Dabei wird es seine Fehler Stück für Stück reduzieren, weil das Anziehen ihm Freude macht. Das Kind lernt aus jedem Versuch und entwickelt sich weiter. Wenn es sich dann irgendwann ohne fremde Hilfe fehlerfrei anziehen kann, wird es das für die natürlichste Sache der Welt halten.

Interessant ist, dass derartige Lernprozesse schon sehr früh möglich sind, wenn man sie nur zulässt. Wichtig ist, dass diese Lernprozesse sich von alleine entwickeln. Ein Kind kann, muss sich aber nicht im Alter von anderthalb bis zwei Jahren alleine anziehen können. Gelingt es ihm nicht, ist es deshalb weder weniger intelligent noch in seiner Entwicklung zurückgeblieben. Vielleicht fehlen ihm lediglich die Voraussetzungen und die notwendige Motivation. Irgendwann aber wird das Kind diese Motivation haben und dann wird es mit Begeisterung lernen, was es möchte. Dann müssen wir es unterstützen. Wir sollten auf gar keinen Fall den Wunsch zu lernen unterbinden, indem wir dem Kind das Anziehen abnehmen, nur weil wir wissen, dass es ihm am Anfang Schwierigkeiten bereitet. Der Lernprozess mit all den gemachten Fehlern ist wichtig, ebenso das Kind zu motivieren, weiterzumachen. Nicht, ob das Kind sich mit zwei oder erst mit drei Jahren fehlerfrei anziehen kann, nicht, ob es den Pullover zuerst über den Kopf zieht oder die Arme, zählt am Ende, sondern dass es sich überhaupt korrekt anziehen kann.

Würden wir unsere Kinder bereits jetzt unter Druck setzen, sie bewerten und damit demotivieren, würden wir ihnen den Lernprozess aufzwingen, da die Einschulung davon abhängt, so würde dieser für viele Kinder zur Qual, mit der Folge, dass eine Anzahl daran scheitern würde und damit letztlich auch die Einschulung.

Unsere jüngeren Kinder können sich also schon früh alleine anziehen, weil sie, angespornt von ihren älteren Geschwistern, sich ohne fremde Hilfe anziehen wollen. Dieses Vorbild und die daraus sich ergebende starke intrinsische Motivation hatten die älteren Geschwister in dieser Form nicht. Daher verlief der Lernprozess bei ihnen anders und setzte etwas später ein.

Wie unsere Schulen, könnten wir die Kinder ständig vergleichen und aneinander messen. Wir könnten sie mit Noten beurteilen und kategorisieren. Dies tun wir nicht, sondern honorieren jeden Entwicklungsschritt als positives Vorankommen. Hilfestellung wird so verpackt, dass sie nicht als Kritik oder Abwertung, sondern als Teil des Entwicklungsprozesses wahrgenommen wird. Dabei lernt das Kind, dass es ausprobieren darf, dass Fehler Teil des Lernprozesses sind und dass es Fertigkeiten besitzt, auf die es vertrauen kann. Mit diesem Vertrauen geht das Kind an jede neue Situation und Aufgabe, die das Leben ihm stellt – bis es in die Schule kommt, wo ihm dieses Vertrauen und damit auch die Motivation aberzogen wird.

Wie kontraproduktiv in diesem Zusammenhang Vergleiche sind, zeigt ein weiteres Beispiel aus meinem eigenen Umfeld. Eine meiner älteren Töchter hatte Schwierigkeiten, Fahrradfahren zu lernen. Nun fällt es kleinen Kindern schon schwer, das Gleichgewicht zu halten, sich auf die Straße zu konzentrieren und gleichzeitig, ohne bewusst darauf zu achten, in die Pedale zu treten. In der Regel müssen sie sich am Anfang entscheiden, ob sie auf die Straße oder die Pedale achten. Bis sie beides gleichzeitig beherrschen, ist es ein schwieriger Lernprozess, der ein wenig Zeit und Übung benötigt. Meine Tochter hatte darüber hinaus das Problem, dass sie nicht gerade auf dem Fahrrad sitzen konnte. Das Fahrrad unter ihr war immer ein wenig zur Seite geneigt.

Diese Neigung glich sie durch eine merkwürdige Sitzhaltung aus, die ihr das Pedaltreten erschwerte. Irgendwann, nach langen Versuchen, hatte sie das Fahrradfahren dann endlich gelernt.

Ihr jüngerer Bruder und alle anderen jüngeren Geschwister übten später vor dem Fahrradfahren mit einem Laufrad. Wir initiierten das nicht bewusst als Vorstufe, aber da die ältere Schwester Fahrrad fahren konnte, wollte ihr Bruder das eben auch. Aufgrund des Alters blieb dafür nur das Laufrad. Mein Sohn hatte reichlich Zeit, mit dem Laufrad zu üben, bevor er altersbedingt aufs Fahrrad umstieg. Sowohl ihm als auch den jüngeren Geschwistern gelang der Umstieg vom Laufrad auf das Fahrrad ohne Schwierigkeiten. Nach ein paar Minuten Übung konnten alle Kinder zügig Fahrrad fahren. Das Gleichgewicht konnten sie bereits ohne Probleme halten. Sie waren in der Lage, ein sich schneller bewegendes Gefährt zu steuern und mit den Gefahren umzugehen. Und sie vertrauten darauf, dass sie schnell lernen würden, mit dem neuen Gefährt – dem Fahrrad – umzugehen.

War die ältere Schwester nun zu dumm oder zu ungeschickt zum Fahrradfahren? Letzteres mag stimmen, andererseits ist sie als Einzige in der Familie in der Lage, Einrad zu fahren, und das hat sie sich selbst beigebracht. Die Frage ist aber letztendlich irrelevant. Alle Kinder können heute ohne Probleme Fahrrad fahren. Niemanden interessiert, ob sie es alle auf die gleiche Art tun. Die kleinen Unterschiede beim Fahren sind ohne Bedeutung und unterliegen keiner Benotung für Haltung, Geschwindigkeit, Wendigkeit usw.

Sie können das Fahrrad mit einer Hand oder freihändig gefahrlos lenken. Sie kippen nicht um, wenn sie sich umdrehen. Sie wissen, wann man den Fuß auf den Boden setzt und wie man auf Schienen, auf Schneematsch oder Schnee reagiert. Mehr brauchen sie nicht, vor allem keine Kunststücke. Würden sie diese dennoch können wollen, könnten sie sie vermutlich schneller erlernen, als wenn ich sie mit dem Hinweis drängen würde, so etwas gehöre zur vertieften Allgemeinbildung. Dann hätten meine Kinder vermutlich wenig Lust, sie zu erlernen, weswegen es ihnen schwerer fallen würde. Zum einen, weil sie sie erlernen müssten, zum anderen, weil sie nicht einsehen würden, was sie ihnen im späteren Leben nützen sollten. Der Hinweis, eine bessere Körperbeherrschung sei zweifellos von Nutzen, wäre ebenso wenig hilfreich wie der Hinweis darauf, dass ein Kennenlernen dieser Fähigkeit nicht schade und dass man nur daran Gefallen finden kann, wenn man es ausprobiert hat. Zum einen muss man nicht alles ausprobieren, zum anderen muss niemand auf ein Leben als Fahrradakrobat vorbereitet werden, weder zu Hause noch in der Schule.

Grundsätzlich ist nichts dagegen zu sagen, etwas auszuprobieren. Und die Schule könnte durchaus entsprechende Angebote schaffen, auch für so ungewöhnliche Disziplinen wie Fahrradakrobatik. Das Problem ist, dass in der Schule jede Handlung stets unter dem Zwang der Bewertung steht. Alles, was in der Schule gemacht wird, bekommt eine Note. Ein ungezwungenes Ausprobieren ist nicht möglich, denn alles ist stets bewertetes Ausprobieren.

Natürlich gibt es Fertigkeiten und Fähigkeiten, die man bis zu einem bestimmten Zeitpunkt erlernt haben sollte. Die Frage ist, welche und bis wann und zu welchem Zweck sie spätestens erlernt sein sollten. Und was soll mit denjenigen geschehen, die es nicht schaffen? Außerdem gilt es zu überlegen, wie man zu diesen Fertigkeiten und Fähigkeiten gelangen muss oder soll.

Das führt uns zurück zur PISA-Studie. Sie bestimmt einen Punkt, bis zu dem Schüler/innen etwas Bestimmtes gelernt haben sollten, und vergleicht die Schüler/innen verschiedener Länder anhand dieses Messpunktes miteinander. Auf dieser Grundlage nimmt sie eine Bewertung der Leistungsfähigkeit vor und beurteilt Schulsysteme danach.

Von diesem Vergleichswahn – in der Schule oder zwischen Schulen – sollten wir uns jedoch endlich frei machen, da Lernen hochindividuell ist. Stattdessen sollten wir die Individualität unserer Kinder und aller Menschen anerkennen und sinnvoll damit umgehen. Wir sollten die Verschiedenheit ertragen. Wir sprechen in Schule, Wissenschaft und Politik zwar gerne von Binnendifferenzierung, meinen damit aber lediglich, dass Schüler/innen auf unterschiedliche Weise bis zu einem Stichtag (Tag der Klassenarbeit) auf den gleichen Stand zu bringen sind. Wäre es uns ernst mit dem Differenzieren, so müssten wir uns von solchen Stichtagen befreien und die individuelle Lerngeschwindigkeit von Schüler/innen über die Struktur der Schule anerkennen. Wir sollten nicht ständig versuchen, unsere Kinder anhand von Vergleichstests zu egalisieren, und dadurch ihr Lernverhalten negativ beeinflussen.

DIE UNGERECHTIGKEIT DER NOTENGEBUNG

Der Vergleichswahn, dem wir von frühester Kindheit an unterworfen werden, findet in der Schule seinen Höhepunkt. Haben wir unsere Kinder bis dahin lediglich an einer fachlichen Norm gemessen oder im persönlichen Vergleich mit der sozialen Gruppe, in der sie leben, so presst die Schule die Entwicklung, die Fähigkeiten und Fertigkeiten unserer Kinder in ein Bewertungssystem, um sie auf dieser Basis als sehr gute, befriedigende oder ungenügende Kinder zu kategorisieren und mit einer Ziffer zu beschreiben.

Als Schüler empfand ich dieses System oft als ungerecht, weil die Kriterien der Benotung für uns kaum transparent und von Lehrkraft zu Lehrkraft unterschiedlich schienen. Wie viele Schüler/innen heute auch, hatten wir damals Angst, dass Einwände gegen Noten und Kritik sich auf die Beurteilung negativ auswirken könnten.

Ich verstand beispielsweise nicht, warum ich für ein mit viel Engagement durchgeführtes Kunstprojekt, bei dem es darum ging, sein Leben in einem Schuhkarton darzustellen, nur ein Befriedigend bekam, während ein Klassenkamerad für sein nachlässig in die Ecke eines Kartons geworfenes Pappmaschee, das sein inneres Chaos symbolisieren sollte, die Note »sehr gut« bekam.

Die Bewertungen enttäuschten mich sehr und so schloss ich damals mit der Kunst ab und zog zugleich aus der Notengebung den Schluss, dass mein Leben eben nur ein befriedigendes Leben sei. Das chaotische Leben meines Klassenkameraden hingegen war ein sehr gutes, sprich, ein Leben, das lebenswert war. Ich lernte darüber hinaus, dass es wesentlich mehr einbrachte, schnell irgendetwas in die Ecke eines Kartons zu klatschen, als sich groß Gedanken zu machen, denn ich wusste von meinem Klassenkameraden, dass er sich für sein Projekt keine große Mühe gegeben hatte. Ich bezweifle, dass dies die Intention meiner Kunstlehrerin war. Und ich bezweifle, dass es sinnvoll ist, das Leben und die Persönlichkeit von Kindern in ein Bewertungsschema zu pressen.

Verteidiger unseres Bildungssystems werden mir entgegenhalten, dass nicht das Leben der Schüler/innen und deren Persönlichkeit bewertet worden seien, sondern die Umsetzung der Aufgabe, meine Schlussfolgerung bezüglich der Notengebung somit realitätsfern sei. Das mag stimmen. Allerdings beziehen Kinder und vor allem Jugendliche in der Pubertät beinahe alles auf die eigene Persönlichkeit. Da spielen Erklärungen und gute Begründungen keine Rolle. Jugendliche reagieren auf Kritik sowieso schon empfindlich, aber Kritik, die derartig nahe an der Persönlichkeit des jungen Menschen operiert, können sie nur auf diese beziehen. Diese emotionale Verbundenheit der Schüler/innen mit den Bewertungen, denen wir sie unterziehen, wird in der Schule weitgehend ignoriert. Schule versucht, alles rational zu begründen, und glaubt fälschlicherweise, derartige Begründungen seien hinreichend, damit die Kinder und Jugendlichen die Bewertungen richtig einordnen können.

Ich habe damals gelernt, dass es sich nicht lohnt, sich für die Schule anzustrengen, sich Gedanken zu machen und zu versuchen, sein Bestes zu geben. Denn wenn das Beste am Ende nur befriedigend oder weniger ist, dann ist die Frustration umso größer. Und als pubertierender Teenager hat man schon mehr als genug Frustrationen zu ertragen. Die logische Folge ist, dass man sich weniger anstrengt, um das Input-Output-Verhältnis etwas günstiger zu gestalten.

Folglich begnügte auch ich mich in der Schule mit dem Allernötigsten. Es ging lediglich darum, mit dem geringsten Aufwand das von mir gewollte Ergebnis zu erzielen. Genügte mir etwa in Französisch eine Drei, so tat ich auch nur das, was ich dafür brauchte. Mit ein bisschen mündlicher Beteiligung, die auf ein paar schmeichelnder Sätze beruhte und einer befriedigenden Arbeit, für die ich kaum lernen musste, war das Notenziel erreicht. Vielleicht hätte ich auch eine Eins geschafft, wenn ich mehr gearbeitet und gelernt hätte. Mit Sicherheit hätte ich eine Weile besser Französisch gesprochen, aber da es mir nach der Schule nicht von Nutzen war, hätte ich dennoch bis heute vieles davon verlernt. Aber nach meiner Erfahrung im Kunstunterricht und weil mir Französisch sowieso keine Freude machte, wurde doch ständig die Aussprache korrigiert und jeder Fehler entsprechend bewertet, hatte ich keine Lust, es auszuprobieren. Der Aufwand hätte nach meiner Einschätzung in keiner vernünftigen Relation zum Ergebnis gestanden, und mein diesbezüglicher Ehrgeiz war einfach zu gering. Die Note bedeutete mir nichts, und einen anderen Ansporn als die Note hatte ich nicht. Und den haben auch die meisten heutigen Schüler/innen nicht, weil sie wissen, dass es lediglich auf die Noten ankommt.

Sechs Zahlen, mehr nicht, drücken den Entwicklungs- und Leistungsstand unserer Kinder und Jugendlichen aus. Tendenzen können verbal angedeutet werden, finden jedoch keinen Eingang in die Bewertung, denn laut Erlass sind Tendenznoten nicht zulässig. Der schlechte Zweier-Schüler sieht genauso aus wie die gute Zweier-Schülerin (und umgekehrt), während er deutlich besser aussieht als die knapp hinter ihm liegende gute Dreier-Schülerin.

Das Zeugnis zeigt lediglich eine Momentaufnahme, die für Lehrer/innen umfassende Aussagekraft haben kann. Für die meisten Schüler/innen hingegen beschreibt es nur ihr Können, das momentane und das zukünftige. Eine mögliche Entwicklung wird kaum wahrgenommen und oft genug auch gar nicht mit einer entsprechenden Note honoriert. Das Dramatische dabei ist, dass bei allen Versuchen der Objektivierung von Zensuren diese doch stark subjektiv bleiben. Die Lehrer/innen, aber auch alle anderen wissen darum und auch um die damit verbundenen Probleme. Doch die sind den meisten von ihnen weitgehend egal, müssen es sein, denn sie können es eh nicht ändern.

Auf einer Fortbildung während des Referendariats traf ich einmal eine frühere Deutschlehrerin von mir. Da sie nun dem Zwang enthoben war, meine Leistungen zu beurteilen, und wir im selben Boot saßen, konnten wir uns frei über

Schule und das Lehrerdasein unterhalten. Sie gab unumwunden zu, dass sie ihre Noten damals größtenteils aus dem Bauch heraus erteilt habe und es auch heute noch genauso halte. Man bekäme über die Zeit ein gutes Gefühl dafür, in welchen Notenbereich man Schüler/innen im Vergleich zueinander einzuordnen habe. Das träfe sowohl für die mündlichen als auch für die schriftlichen Leistungen zu.

Meine Kollegin hatte vollkommen recht. Und bis heute hat sich daran wenig geändert, trotz aller Versuche, die Notengebung so objektiv wie möglich zu gestalten. Sicherlich ist es möglich, die Bewertung einer Mathematikarbeit einigermaßen objektiv zu gestalten. Zumindest gibt es bei der Frage, was Eins plus Eins ist, wenig Spielraum. Das gilt natürlich auch für komplexere mathematische Aufgabenstellungen. Geht es jedoch beispielsweise um die Interpretation historischer oder politischer Ereignisse, ist eine objektive Einschätzung des Dargelegten schon weitaus schwieriger. Gerade historische Ereignisse unterliegen, abhängig etwa von politischen Konjunkturen, wechselnden Interpretationen und Wertungen. Wie kann ich einem Schüler, der eine gut begründete, bis dahin aber noch nicht in Betracht gezogene Interpretation schreibt, die Legitimität dieser Interpretation absprechen und sie entsprechend bewerten? Sicherlich wird versucht, weniger Wert auf das Urteil an sich als auf die dazu passende nachvollziehbare und stichhaltige Begründung zu legen. Problematisch ist aber, dass der eine Kollege eine Begründung nachvollziehbar findet, der andere gegenteiliger Ansicht ist. Dem einen

Kollegen gelingt es, der Struktur der Darlegung zu folgen, dem anderen nicht.

Auch Lehrer sind letztlich nur Menschen mit unterschiedlichen Prägungen, Ansichten, Präferenzen etc., die Dinge unterschiedlich betrachten und wahrnehmen. Keine dieser Wahrnehmungen ist per se richtig oder falsch, sondern einfach nur unterschiedlich. Bei der Bewertung des Schülers hingegen wird diese Unterschiedlichkeit zum Problem, weil Lehrer/innen auf ihrer Grundlage die Bewertung vornehmen. Erschwerend kommt hinzu, dass Interpretation und Urteil aus Sicht des Schülers, dem nur sein Erfahrungsschatz zur Verfügung steht, logisch nachvollziehbar sein mag, für eine beurteilende Lehrkraft, die nicht nur einen anderen Erfahrungsschatz besitzt, sondern auch eine fachliche Ausbildung genossen hat, jedoch nicht.

Ich habe in einer mündlichen Abiturprüfung erlebt, wie unterschiedlich Leistung wahrgenommen werden kann. In einer Geschichtsprüfung kamen alle anwesenden Geschichtslehrer/innen zu dem Ergebnis, dass die erbrachte Leistung, was die historische Richtigkeit der genannten Fakten, ihre Verknüpfung und abschließende Beurteilung betraf, derartig dürftig war, dass dafür nicht mehr als vier Punkte zu vergeben seien. Die anwesende Dezernentin, eine Sprachwissenschaftlerin, hingegen hatte einen positiven Eindruck und wollte die Prüfung mit zehn Punkten bewerten. Trotz leichter fachlicher Mängel habe es die sprachgewandte Schülerin verstanden, manche falsch verknüpften historischen Fakten in einer plausiblen Kausalkette zu ordnen.

Und trotz mancher Fehler sei sie doch meist am Ende zu einer richtigen Einschätzung gekommen (welche allerdings aus dem Unterricht mehr als bekannt war). Ferner sei es sehr angenehm gewesen, dem Vortrag der Schülerin zu lauschen. Die Prüfungskommission einigte sich schließlich auf einen Kompromiss. Ob dieser der Leistung der Schülerin gerecht wurde, sei dahingestellt. Aber sie bekam ihr Abitur.

Unterschiedliche Lehrkräfte ordnen mündliche Leistungen im täglichen Unterrichtsgeschehen oft sehr unterschiedlich ein. Die Meinungen über Qualität und Quantität der Beteiligung von Schüler/innen gehen weit auseinander. Während die eine Lehrkraft der Meinung ist, eine sehr gute Leistung sei bereits dann erbracht, wenn das Problem verstanden wurde und 80 Prozent der Fakten korrekt wiedergegeben werden konnten, findet eine andere, dass nur Schüler/innen, die 100 Prozent der Fakten darlegen und diese auch richtig interpretieren können, die Note »sehr gut« verdient haben.

Notengebung ist stets subjektiv, weswegen die Leistungen von Schüler/innen auch von Lehrkraft zu Lehrkraft variieren können. Verstärkt wird diese Subjektivität noch durch individuelle Faktoren aufseiten der Schüler/innen. So spielt beispielsweise die Persönlichkeit der Lehrkraft und ihre Wahrnehmung durch die Schüler/innen eine nicht zu unterschätzende Rolle für das Arbeitsverhalten. So kann etwa ein guter Englischschüler innerhalb weniger Wochen zu einem schlechten werden, weil er das Gefühl hat, die neue Lehrkraft nehme ihn nur dran, wenn er sich nicht melde, und übersehe ihn absichtlich, wenn er sich melde. Der Frust darüber kann dazu führen, dass der Schüler seine Bemühungen ganz einstellt.

Sicher hängt die Leistung auch davon ab, ob man ein Fach oder ein Thema interessant findet oder nicht. Schüler/-innen haben unterschiedliche Stärken in unterschiedlichen Fächern und sind deswegen unterschiedlich stark motiviert. Sie haben unterschiedliche private Hintergründe, die von Vorteil oder auch belastend sein können.

Natürlich sollten Schüler/innen in der Lage sein, sich auch mit uninteressanten Dingen hinreichend zu beschäftigen und sich ausreichendes Wissen darüber anzueignen. Dennoch können die individuellen Voraussetzungen für erfolgreiches Lernen nicht ausgeblendet werden, nur weil man annimmt, Schülerverhalten lasse sich normieren und dieses normierte Verhalten lasse sich objektiv beurteilen. Schon der gesunde Menschenverstand sagt einem, dass das nicht funktionieren kann. Denn trotz aller Versuche, Kinder in eine Norm zu pressen, bleiben sie Individuen mit unterschiedlichen Charakteren und Lebensgeschichten. Und natürlich sind auch die beurteilenden Lehrkräfte Individuen, und ihre Einschätzung bleibt immer subjektiv – ein Dilemma, das sich auch mit Verordnungen und Reglementierungen nicht beseitigen lässt.

Schluss machen könnte man aber immerhin mit der Notengebung, die so unnötig ist wie ein Kropf. Nehmen wir das Beispiel meines Sohnes.

Er schrieb in einer Jahrgangsstufe im ersten Halbjahr in Mathematik eine Vier und eine Fünf. Seine Begründung lautete, dass er nicht gelernt habe, da er das Prinzip verstanden hatte und das viele Üben »doof« fand. Im zweiten Halbjahr schrieb er dann in beiden Arbeiten eine Eins. Laut eigener Aussage hatte er nicht wesentlich mehr gelernt, sondern sich lediglich darauf konzentriert zu erfüllen, was in den Arbeiten zu erfüllen war. Und das sei nicht schwer herauszufinden gewesen. Er schielte weder auf die Note »sehr gut«, die ergab sich einfach, noch wollte er in Mathematik wirklich besser werden. Er wollte lediglich nicht sitzen bleiben, was ihm mit einer Fünf in Mathe hätte passieren können.

Interessant daran sind zwei Dinge: Zum einen hatte mein Sohn laut eigenen Angaben beide Male das Thema grundsätzlich verstanden. Und tatsächlich waren die Fehler, die er in den beiden ersten Arbeiten gemacht hatte, meist reine Rechenfehler oder Auslassungen. So hatte er den Rechenweg verkürzt, weil er Teile im Kopf rechnete. Bewertet wurde allerdings der vollständige Rechenweg, und fehlende Elemente wurden negativ beurteilt. Für Lehrkräfte ist der Weg zum Ergebnis eben nur nachvollziehbar, wenn er sichtbar ist. Ansonsten könnten die Ergebnisse Zufall oder abgeschrieben sein. Zum anderen verhalf meinem Sohn die Erkenntnis dessen, was in den Arbeiten verlangt war, zu einer wesentlich besseren Note.

Wie sind das Verhalten und die Lernleistung meines Sohnes nun zu bewerten? Ist er nur ein durchschnittlicher Mathematiker, weil er im ersten Halbjahr eine Vier und eine Fünf, im zweiten Halbjahr zwei Einser schrieb, was im Schnitt in etwa einer Drei entspricht? Sollten wir nur die reinen Zahlen berücksichtigen und weniger den immensen Fortschritt, der im Sprung von einer Fünf auf eine Eins zum Ausdruck kommt? Wie soll man eine solche Entwicklung in Noten ausdrücken? Wie ist zu bewerten, dass es ihm gar nicht um mathematisches Verständnis ging, sondern lediglich darum, eine Anforderung zu erfüllen? Und wie ist das Überspringen von Rechenschritten zu bewerten, die man problemlos im Kopf lösen konnte? Ist seine Leistung mangelhaft, nur weil die Lehrkraft den im Kopf vollzogenen Rechenvorgang, der geistig herausfordernder ist als stupides Niederschreiben des Rechenweges, nicht bewerten und ihn nicht vom Abschreiben unterscheiden kann? Ist mein Sohn ein schlechter Rechner, weil ihm kleine Ungenauigkeiten unterlaufen sind?

Mein Sohn bekam am Jahresende eine Drei im Zeugnis, trotz der beiden Einsen in den Arbeiten, und steigerte sich so um eine Note. Eine Zwei allerdings hätte die Entwicklung von einer Beinahe-Fünf auf eine Eins stärker anerkannt und deutlicher hervorgehoben und ihn wesentlich mehr motiviert.

Da eine Note nicht nur errechnet werden darf, sondern grundsätzlich eine pädagogische Entscheidung ist, wäre eine Zwei möglich gewesen. Doch die Erklärung für die Drei ist recht einfach. Zunächst einmal ist die Jahresendnote eine Ganzjahresnote, das heißt, die Vier und die Fünf aus dem ersten Halbjahr müssen laut niedersächsischem Erlass auch im zweiten Halbjahr Berücksichtigung finden. Eine prozentuale Vorgabe gibt es nicht. Darüber hinaus muss ein Notensprung von mehr als einer Note begründet werden.

Beide Umstände sorgen dafür, dass viele Lehrkräfte sich lieber gar nicht erst auf einen Notensprung um zwei Noten einlassen. Die Drei erleichtert einfach die Arbeit. Den pädagogischen Wert dieser Entscheidung lassen wir einmal außen vor, ansonsten müssten wir uns als Pädagogen deutlich infrage stellen.

Mein Sohn sah sich jedenfalls in seiner Wahrnehmung bestätigt, dass sich Anstrengung für Schule nicht besonders lohnt. Dabei spielt es keine Rolle, ob er sich auch wirklich angestrengt hat. Allein der Notensprung von Fünf auf Eins ist für ihn wie für viele andere Schüler/innen Ausdruck der persönlichen Anstrengung, die es zu honorieren gilt. Die Drei im Zeugnis hingegen honoriert dies in keiner Weise. Die Drei ist daher für ihn eine Strafe und zugleich Ausdruck der Mangelhaftigkeit der Schule. Ich muss ihm an dieser Stelle recht geben.

Die Drei macht weder in ausreichendem Maße deutlich, welches mathematische Verständnis mein Sohn hat, noch lässt sie die Entwicklung vom ersten zum zweiten Halbjahr sichtbar werden. Sie zeigt auch nicht, dass mein Sohn in der Lage ist, Rechenschritte im Kopf zu vollziehen, die andere schriftlich darlegen müssen, um sie korrekt durchzuführen. Die Note sagt also weder etwas über seine Leistungsfähigkeit noch über seine Entwicklung oder seine Entwicklungsfähigkeit aus. Und mein Sohn ist kein Einzelfall, weswegen das ganze Benotungssystem völlig unbrauchbar ist.

Im Fall meines Sohnes sagt die Notengebung allenfalls etwas über seine Faulheit, (mangelnde) Einsicht und mangelnde Angepasstheit aus. Sie etikettiert ihn als ausreichenden bis mangelhaften Menschen, jedoch nicht auf mathematischer Ebene, sondern lediglich auf der Ebene des Anpassungswillens. Wenn aber eine Bewertung nicht ausdrückt, was sie eigentlich ausdrücken soll, nämlich den bildungsbezogenen Entwicklungsstand, dann ergibt sie keinen Sinn. Und wenn sie keinen Sinn ergibt, ist sie unbrauchbar und gehört abgeschafft.

Ein wesentliches Problem ist natürlich, wie man Entwicklung bewerten soll. Hat mein Sohn jetzt eine Eins im Zeugnis verdient, weil er sich in herausragendem Maße mathematisch entwickelt hat, nämlich von beinahe mangelhaft auf sehr gut? Sicher nicht. Wie bewerte ich seine Entwicklung im Verhältnis zu seinen Klassenkamerad/innen, die sich eben auch entwickelt haben, deren Entwicklung vielleicht viel ausgeprägter war, die sich aber nicht in der Note einer Klassenarbeit widerspiegelt? Nehmen wir an, ein anderer Schüler schrieb nach zwei Sechsern im ersten Halbjahr eine Vier und dann eine Drei. Für diese Entwicklung hat er womöglich sehr hart gearbeitet und viel auf sich genommen, während meinem Sohn der Entwicklungsschritt leichtfiel. Müsste die harte Arbeit dieses Schülers nicht besser bewertet werden als mathematisches Talent? Im Zeugnis wird sich bei diesem Schüler dennoch eine gute Fünf oder womöglich auch eine schlechte Vier finden. Beide Noten sind wenig motivierend. Der Schüler wird weiterhin von seiner mangelnden mathematischen Begabung überzeugt sein, denn die Drei in der letzten Arbeit findet keinen deutlichen Niederschlag im Zeugnis. Ob er dadurch für die nächsten Jahre ausreichend Motivation entwickelt, darf bezweifelt werden.

Auf der anderen Seite ist denkbar, dass ein Schüler, der über ein gewisses mathematisches Verständnis verfügt, seine Arbeit in der Schule und zu Hause solide erledigt und deswegen sowohl mündlich als auch schriftlich gut ist. Eine herausragende Entwicklung ist jedoch nicht erkennbar. Man sieht lediglich eine konstante Leistung auf gutem Niveau, die mit einem Mindestmaß an Aufwand erreicht wird. Diese durchschnittliche Entwicklung ergibt, gepaart mit dem genannten mathematischen Verständnis, die Note »Zwei« auf dem Zeugnis. Die Entwicklung ist zwar deutlich geringer als in den beiden obigen Beispielen, sie wird aber deutlich besser belohnt. Ist das gerecht? Ist das sinnvoll? Ist das hilfreich?

Meiner Ansicht nach nicht. Und weil auch in die Benotung des Arbeitsverhaltens die Entwicklung der Schüler/innen viel zu selten einfließt, wird die Sinnlosigkeit und Fragwürdigkeit unseres Notensystems einmal mehr deutlich. So kann es geschehen, dass ein Schüler oder eine Schülerin wie immer ein C (entspricht in etwa einem Befriedigend) im Arbeitsverhalten erhält, sich das Notenbild aber im gleichen Zeitraum deutlich verbessert hat und er oder sie sichtlich fleißiger gewesen ist. Aber niemandem kommt es in den Sinn, das Arbeitsverhalten an die gemachte Erfahrung anzupassen und mindestens ein B zu geben, um die Verbesserung im Arbeitsverhalten deutlich zu machen.

Ein Schüler hingegen, der eine solide, aber nicht besonders herausragende Entwicklung gezeigt hat, der mit mäßigem Arbeitsaufwand eine Zwei schafft, bekommt ohne Zögern und Diskussion ein B. Eine absurde Situation.

Weder die sechs Zahlen des Notenschemas noch die Note für das Arbeitsverhalten drücken also die Entwicklung auf nachvollziehbare und für Schüler/innen relevante Weise aus. Durch sie erfahren wir nichts Wichtiges über unsere Kinder. Wenn sie aber nichts Wichtiges aussagen, sind sie nutzlos und müssen abgeschafft werden. Gerechtigkeit jedenfalls kann mit Noten, egal wie vielen, nicht hergestellt werden.

DER BEURTEILUNGSWAHN DER SCHULEN

Als Schüler habe ich Noten gehasst. Manche Bewertung habe ich nicht verstanden, einige fand ich zutiefst ungerecht, andere hingegen wieder unnötig. Das größte Problem aber war, dass die Zensuren stets wie ein Damoklesschwert über uns Schülern hingen. Daran hat sich bis heute nichts geändert. Alles Lernen und Arbeiten lief darauf hinaus, eine gute Note zu bekommen. Nie lernten wir um des Lernens willen. Wir lernten selten aus Freude und begannen unseren Schultag nie in der freudigen Erwartung, endlich an einem bestimmten Stoff weiterarbeiten zu dürfen. Wir lernten wegen einer Note, die uns die Tür zur Zukunft öffnen sollte. Wir sahen in einer Note weder einen Hinweis auf unsere momentanen Defizite noch motivierte sie uns zur Arbeit. Dabei kannten wir unsere Defizite oft ganz genau. Die Note verstanden wir vielmehr als Einschätzung unserer Person: Waren wir gut, mittelmäßig oder schlecht? Wer eine Fünf geschrieben hatte oder im Zeugnis eine Fünf bekam, der wusste zwar, dass er besser werden musste, war aber oft gleichzeitig davon überzeugt, es nicht zu schaffen. Er glaubte nicht, dass es ein Mangel war, den man aufarbeiten konnte, sondern war felsenfest davon überzeugt, für das Fach, das Thema oder die Schule einfach zu schlecht zu sein. An dem Problem zu arbeiten, würde also nichts bringen, und lernen würde er es sowieso nie, zumal er von schulischer Seite mit der Behebung dieses Mangels alleingelassen wurde.

Leider hat sich daran bis heute nichts geändert, wahrscheinlich ist es noch schlimmer geworden. Die Fixierung der Schüler/innen auf Noten ist immens und unglaublich. Viele erwarten unmittelbar nach dem Unterricht eine Rückmeldung über den Notenwert ihrer erbrachten Leistung. Und viele definieren sich weitgehend über diese eine Zahl. Man merkt das förmlich in jenen Momenten, in denen es mal nicht so gut gelaufen ist und man als Lehrkraft versucht, die nicht so erfolgreiche Arbeit zu relativieren und in einen größeren Zusammenhang zu setzen. Noten lassen sich für Schüler/innen nicht relativieren.

Ich habe es immer wieder erlebt, dass junge Menschen von der Realschule aufs Gymnasium gewechselt sind. Dieser an sich schon mutige Schritt sollte von den Lehrkräften nach Kräften unterstützt werden. Doch leider sehen sich diese Jugendlichen allzu oft dem Argwohn der Gymnasiallehrer/innen gegenüber, denen die Zweifel an dieser Entscheidung im Gesicht geschrieben stehen, mit der Folge, dass diese jungen Menschen die notwendige Motivation und Unterstützung nicht erhalten. Außerdem haben diese Schüler/innen auch selbst sehr hohe Erwartungen an sich. So erwarten sie, dass ihr Notenbild von Anfang an dem entspricht, was sie von der Realschule gewohnt sind und welches ihnen den Wechsel in das Gymnasium ermöglicht hat. Ist ein Schulwechsel an sich schon eine Herausforderung, so ist der Wechsel von der Realschule auf das Gymnasium von besonderer Art. Die Arbeitsweise auf dem Gymnasium ist meist ganz anders und man arbeitet auch nicht themengleich parallel, sodass inhaltlich starke Verschiebungen Normalität sind. Da ist es ganz natürlich, dass zunächst einmal das Notenbild ein schlechteres wird. Aus einer Zwei in Englisch oder Mathematik kann dann schon schnell mal eine Vier werden. Und manchmal sogar eine Fünf. Diese »schlechte« Note sorgt dann leider dafür, dass die Schüler/-innen sehr früh anfangen, ihre Entscheidung infrage zu stellen. Sie bezweifeln, dass sie das Zeug dazu haben, auf dem Gymnasium mitzuhalten, und der Argwohn der Lehrkräfte tut dabei ein Übriges. Hinweise, dass diese frühe Note so gar nichts über die gymnasiale Eignung aussage, dass die Anpassung und Eingewöhnung eben Zeit bräuchten und man ohnehin weniger Augenmerk auf eine einzelne Note legen solle, waren meist vergeblich. Für Schüler/innen ist eine Vier eine Vier, egal in welchem Schulzweig. Und diese einzelne Ziffer sagt für sie sehr viel darüber aus, was sie glauben leisten zu können. Sie sehen in Noten keine Entwicklungsschritte und -potenziale. Noten sind für sie stets absolut, nie relativ.

Als Lehrkraft im Schuldienst habe ich lange Zeit versucht, in der Benotung und Beurteilung unserer Kinder etwas Gutes zu sehen. Ich habe die Begründungen für die Notwendigkeit von Noten geglaubt, ich konnte sie sogar nachvollziehen. Ich hatte die Seiten gewechselt und sogleich Verrat an den Schüler/innen begangen. Es hat eine ganze Weile gedauert, bis ich zur Besinnung kam. Mittlerweile halte ich den Benotungs- und Beurteilungswahn für unsinnig und schädigend. Ich sehe heute nichts Gerechtes mehr darin. Je länger ich Schüler/innen in ihrer Entwicklung begleitete und je mehr ich an Urteilen von Kolleg/innen zu zweifeln begann, desto weniger konnte ich den Begründungen für eine Benotung zustimmen und umso klarer erkannte ich, dass eine einzelne, zu einem bestimmten Zeitpunkt gegebene Ziffer überhaupt nichts über unsere Kinder aussagte und ihnen in keiner Weise weiterhalf. Meine Erfahrung als Elternteil verstärkte diese Haltung. Ich erlebte aus zwei Positionen, was die beurteilende Notengebung für Heranwachsende bedeutet. Zwar weiß ich, warum bestimmte Noten gegeben werden, doch kann ich weder als Vater noch – und das ist entscheidender – als Schulleiter so manche Notengebung meiner Kolleg/innen nachvollziehen.

Wenn Sie einmal erlebt haben, mit welcher Kaltblütigkeit Lehrkräfte mittels Noten über das Schicksal der Kinder entscheiden, dann läuft es Ihnen bei jeder Vergabe von Noten und bei jeder Zeugniskonferenz kalt den Rücken herunter. Und wenn Sie dann noch erleben, dass die gegebene Note so gar nichts mit der in der Konferenz in kurzen Sätzen dargelegten Entwicklung des Kindes zu tun hat, dann spätestens verlieren Sie den Glauben an dieses Element von Schule, zumindest, wenn Sie noch einen Funken Verstand und ein Herz für Kinder haben.

Zeugniskonferenzen sind eine Veranstaltung, bei der Kinder wie Waren oder Vieh behandelt werden. Über jede einzelne Schülerin und jeden einzelnen Schüler wird ohne Anwesenheit der besprochenen Person verhandelt, sodass der/die Betroffene keinerlei Kenntnis davon erlangt. Die individuelle Notenbesprechung mit den Schüler/innen weicht deutlich von dem ab, was in einer Notenkonferenz besprochen wird, da hier oft weniger Zurückhaltung an den Tag gelegt wird. Ich finde es verwunderlich, dass wildfremde Personen, also die Eltern- und Schülervertreter, all diese Informationen über die Schüler/-innen erhalten, nicht aber die Person, die es unmittelbar betrifft und für die sie hilfreich sein könnten.

In einer solchen Konferenz wird dann darüber gesprochen, wie faul der Schüler X doch sei und dass er viel besser sein könnte, würde er sich nur ein wenig mehr anstrengen. In den Fremdsprachen werde er es aber wohl nie auf einen grünen Zweig bringen, sodass man über kurz oder lang überlegen müsse, ob ein Wechsel auf eine andere Schulform nicht ratsam sei. Im Mündlichen sei er zwar in vielen Fächern gut, doch die schriftlichen Leistungen ließen klar zu wünschen übrig. Ob er es mit seiner laschen Arbeitshaltung bis zum Abitur schaffe, könne getrost bezweifelt werden.

Es ist beschämend, dass in diesen Konferenzen zwar über den Ausgleich möglicher Nachteile gesprochen wird, wir aber keinen befriedigenden Austausch über Förderung und Forderung von Schüler/innen haben. Dabei dürfen wir uns keinen Illusionen darüber hingeben, was Fördermaßnahmen für die Kinder und Jugendlichen bedeuten. Sie sind immer mit einem zusätzlichen, immens hohen Arbeitsaufwand verbunden, oftmals für ein Fach, welches für ihren späteren beruflichen Erfolg mit großer Wahrscheinlichkeit keine Relevanz haben wird. Umso unverständlicher ist, dass Lehrkräfte häufig mit Unverständnis reagieren, wenn Schüler/-innen sich dafür entscheiden, ihre Energie von vornherein auf Fächer zu richten, in denen ein Erfolg einfacher und vielversprechender ist als in diesem einen, ungeliebten Fach.

Förderung, oder einfacher gesagt: Zusatzarbeit, muss stets neben dem eigentlichen Unterricht geleistet werden, denn der geht natürlich weiter. Wer es ohnehin schon schwer hat, wird auf diese Weise erst recht überfordert und demotiviert. Ketzerisch könnte man behaupten, eine solche Förderung diene lediglich dazu, den Kindern und Jugendlichen ihre mangelnde Leistungsfähigkeit noch deutlicher vor Augen zu führen. Und ihnen zu zeigen, dass sie auf diesem Schulzweig nichts verloren haben.

Maßnahmen für besonders leistungsstarke Schüler/innen bestehen meist in Zusatzmaterial und manchem nachmittäglichen Zusatzangebot. Nur selten wird ihnen ermöglicht, eine

Klasse zu überspringen oder in einem oder mehreren Fächern an einer höheren Jahrgangsstufe teilzunehmen. Einfach mal für ein Jahr auszusetzen, weil der Stoff in vier Wochen nachgeholt werden kann oder schon beherrscht wird, ist erst gar nicht möglich. Es gibt nicht wenige leistungsstarke Schüler/innen, die nur auf kleiner Flamme brennen, weil sie keine Lust auf Mehrarbeit haben oder ein schnelles Arbeiten ihnen keinerlei Vorteil in der Schule verschafft. Wer das Ziel des Unterrichts bereits nach 15 Minuten erreicht hat, kann nicht einfach den Klassenraum verlassen und eine längere Pause einlegen oder sich mit einem anderen Fach beschäftigen. Er muss die Stunde absitzen und sich am Unterricht beteiligen, denn wenn er es nicht tut, spiegelt sich das negativ in seiner Note wider. Leistungsstarke Schüler/innen stecken also in einem besonderen Dilemma. Obwohl sie wesentlich schneller mit dem Stoff durch sind, können sie sich nicht zurücklehnen und auf ihren Lorbeeren ausruhen, weil in diesem Fall die Note für die Stunde nicht ihre herausragende Leistung berücksichtigen würde, sondern ihre mangelnde Mitarbeit.

Förder- und Fordermaßnahmen sind für Schüler/innen Zusatzarbeit und erwachsen ausschließlich aus der zeitlichen Beschränkung, der Unterricht unterliegt, und dem Wahn, alles beurteilen zu müssen. Ohne den Zwang, bis zum Ende des Schuljahrs ein gewisses Pensum erfüllt zu haben, hätten die Schüler/innen ausreichend Zeit, sich das notwendige Wissen eines Fachs in ihrem individuellen Tempo anzueignen, und die leistungsstarken könnten bereits an weit vorausliegenden Inhalten arbeiten.

Aber hoher Leistungsfähigkeit haftet stets ein erheblicher Makel an, nämlich der Makel der Überschätzung, macht sie doch allen mittelmäßigen Schüler/innen und vor allem den Lehrer/innen die eigenen Mängel nur allzu deutlich. Deswegen werden Hochbegabung, aber auch Hochleistung in der Schule so selten honoriert. Lehrkräfte haben Schwierigkeiten mit Hochbegabung. Und Eltern dürfen sie auf keinen Fall feststellen, sehen sie ihr Kind doch ohnehin in viel zu rosigem Licht.

Eine unserer Töchter etwa verstand den Stoff der Grundschule recht schnell, war vom Notenbild her aber weniger herausragend. Das Problem war, dass der Unterrichtsstoff ihr einfach zufiel, was sie zu der Erkenntnis verleitete, sie müsste gar nicht arbeiten. Meine Frau und ich kämpften zwei Jahre darum, sie eine Klasse überspringen zu lassen, in der Hoffnung, sie wäre dadurch genötigt, mehr zu arbeiten, um die Lücken aufzuholen. Wegen des Notenbildes folgte die Schule unserer Argumentation nicht und widersetzte sich lange, stimmte am Ende aber missbilligend zu. Unsere Tochter konnte auch in der höheren Klasse bereits nach wenigen Wochen in allen Fächern so gut mitarbeiten, dass ihr Notenbild wie gewohnt war. Unsere Hoffnung erwies sich somit als falsch. Aber der Versuch zeigte, dass vieles von dem, was man innerhalb eines Schuljahrs lernt, nicht unbedingt relevant für den Erfolg in den darauffolgenden Jahren ist.

Eng mit der Problematik der Benotung verbunden ist der schulische Beurteilungswahn. Man fragt sich, ob es sinnvoll ist, tatsächlich alles in der Schule mit einer Note zu versehen. Das mag auf den ersten Blick keine bedeutende Frage sein. Betrachten wir uns jedoch ein wenig genauer, welche Leistungen unserer Kinder in der Schule beurteilt werden, sieht die Sache schon anders aus.

Als Eltern wissen wir, dass sich eine Zeugnisnote aus der schriftlichen und mündlichen Leistung zusammensetzt. Dabei kann man die in Klassenarbeiten erbrachte schriftliche Leistung noch recht gut nachvollziehen. In der Regel bekommt man die Arbeit von seinem Kind gezeigt und kann sie sich anschauen. Die sich aus dem Unterrichtsgeschehen ergebende Leistung ist wesentlich weniger transparent. Eltern gehen meist davon aus, dass beurteilt wird, wie oft die Kinder etwas sagen und wie gut ihre Beiträge sind. Am Ende sind Noten eine Mixtur aus beurteilter Qualität und Quantität mit einem gehörigen Schuss Subjektivität. Daher noch einmal die Frage: Müssen alles Lernen und Üben bewertet und muss jede Leistung beurteilt werden?

Meine Antwort lautet: Nein, denn der Beurteilungswahn hat mittlerweile zu Auswüchsen geführt, über deren Sinnlosigkeit man nur den Kopf schütteln kann. Ich möchte das an einem Beispiel deutlich machen. Eine meiner Töchter ist keine passionierte Schwimmerin und lange Zeit war ihr Verhältnis zum Wasser sehr schwierig. In einem Schulhalbjahr ergab es sich nun, dass sie einmal in der Woche Schwimmunterricht hatte. Für Kinder wie meine Tochter sind diese zwei Stunden in der Woche eine Qual. Das Wasser wird von einem Ort, an dem man vorsichtig Spaß haben kann, zu einem grauenvollen. Man muss nicht nur, teils stark erschöpft, mehrere Bahnen schwimmen, man muss dabei auch noch verschiedene Schwimmstile bewältigen, so zum Beispiel den Schmetterlingsstil. Nun kann man sicherlich der Meinung sein, Kinder und Jugendliche sollten jeden Schwimmstil einmal ausprobieren, wie sinnvoll oder unsinnig er einem im Einzelfall auch erscheinen mag. Aber warum muss die Ausführung dieses Stils bewertet werden? Welche Bedeutung hat die Qualität der Ausführung für die Zukunft der meisten Schüler/innen, wenn für die meisten der Schwimmstil nicht einmal eine Bedeutung hat? Ebenso keine. Kinder müssen schwimmen können. Sie müssen keine verschiedenen Stile beherrschen, denn diese sind mitnichten Allgemeinbildung. Und wenn sie diese ausprobieren, ist die Qualität der Ausführung weitgehend unbedeutend, weswegen eine Beurteilung nicht gerechtfertigt ist. Ansonsten wird Beurteilung zu Selbstzweck.

Sportunterricht dient der Bewegung, der Ertüchtigung, der Gesundheit, des Ausprobierens unterschiedlicher Sportarten; die Schüler/innen sollen Spaß an körperlicher Anstrengung und vielleicht am Wettbewerb finden. Diese Anstrengung zu beurteilen und zu benoten kann ihnen den Spaß daran auf Lebenszeit verderben. Gerade jene Kinder und Jugendlichen, die diese körperliche Betätigung am meisten benötigen, werden durch die ständige Zurschaustellung und Beurteilung der eigenen körperlichen Mängel, verbunden mit der dazugehörigen schlechten Note, eher frustriert als motiviert. Für sie wird der Sportunterricht zur wöchentlichen Qual, und sie werden den Sport weitgehend aus ihrem künftigen Leben ausklammern.

Abgesehen davon, dass eine benotete Beurteilung hier kontraproduktiv ist, ist sie auch nicht objektiv, wie das Beispiel der Sportkolleg/innen zeigt, die Schüler/innen besser benoten, wenn sie in einem Verein aktiv sind. Wenn eine Schülerin also die Note etwas aufbessern möchte, sollte sie in einen Verein eintreten. Das tatsächliche Können spielt dabei keine besondere Rolle.

Auch in den Fächern Kunst und Musik ist die Unsinnigkeit der benoteten Beurteilung offensichtlich. Wie Sport haben auch Kunst und Musik viel mit Begabung zu tun. Und der oder die Begabte ist hier ganz klar im Vorteil. Das Beispiel meines Klassenkameraden mit seinem Pappmascheehaufen zeigt dies deutlich. Er war schlicht kreativer als ich und in der Kunst wird nun einmal Kreativität höher gewertet als Rationalität. Doch auch im Kunstunterricht geht es nicht immer nur um Kreativität, sondern auch darum, unterschiedliche Möglichkeiten des künstlerischen Ausdrucks kennenzulernen und auszuprobieren. Oder verschiedene Kunstrichtungen kennenzulernen und seine Kenntnisse in einer Klassenarbeit auszuspucken.

Zum Kunstunterricht gehört es, Porträtzeichnungen anzufertigen. Auch hier hängen der Erfolg und damit die abschließende Beurteilung vom Talent der Schüler/innen ab. Für die künstlerisch Talentierten stellt die Porträtzeichnung eine weniger hohe Herausforderung dar als für manche Mitschüler/innen. Diese Fähigkeit zu benoten halte ich deswegen für unsinnig. Auch ist es für die allermeisten Menschen absolut unwichtig, wie gut sie ein Gesicht malen können. Ihnen also mit einer Note zu signalisieren, wie schlecht sie in einer für sie irrelevanten Fähigkeit sind, ist unnötige Quälerei. Aufgabe des Fachs ist es meiner Ansicht nach vielmehr, Schüler/innen etwas über Kunst zu vermitteln, sie zu ermutigen, sich darin zu versuchen und ihnen einen Zugang zur Kunst zu ermöglichen. Das funktioniert aber sicherlich besser ohne Bewertung und viel eher mit stetiger Ermunterung und der Freude am Ausprobieren.

Dass der Beurteilungswahn die Entwicklung der eigenen Fähigkeiten eher hemmen kann, ja zu einem Problem wird, zeigt das Beispiel meiner künstlerisch begabten Tochter, die sich eines Nachmittags unbedarft an unser Klavier setzte, weil sie in der Nachbarschaft jemanden Klavier spielen hörte. Obwohl sie bis dahin nur ein wenig den Umgang mit den Tasten gelernt hatte, also weder wusste, für welche Noten sie stehen, noch kleine Stücke spielen konnte, tippte sie so lange auf den Tasten herum, bis sie die Melodie des Stückes, das sie gehört hatte, nachspielen konnte. Dies gelang ihr noch am selben Nachmittag.

Angesichts ihres offenkundigen Talents gaben wir unsere Tochter in die Hände eines renommierten Klavierlehrers. Der schüttelte jedes Mal den Kopf über die viel zu hohen Anforderungen, die den Schüler/innen im Musikunterricht gestellt wurden. Er gab sich zwar alle Mühe, ihr beim Üben der schulischen Musikstücke zu helfen, wusste aber, dass diese in ihrer momentanen Lernphase kaum zufriedenstellend spielbar waren. Sie wurde also für eine Aufgabe bewertet, die sie nach fachkundiger Meinung kaum bewältigen konnte. Die Folge dieser Demotivation war, dass meine Tochter die Lust am Klavierspielen immer mehr verlor, bis sie schließlich ganz aufhörte.

Ein Biologiekollege, der als Quereinsteiger von der Universität in die Schule gewechselt war, beurteilte einmal die Anforderungen in seinem Fach als deutlich zu hoch für die Schule und wies darauf hin, dass man sich deswegen nicht über die schlechten Leistungen der Schüler/innen wundern brauche.

Wenn Schule also unangemessen hohe Anforderungen stellt und die mehr oder weniger perfekte Beherrschung von eigentlich überflüssigen Fähigkeiten und Fertigkeiten mit Noten bewertet, dann liegt in einer solchen Benotung kein Sinn. Sie berücksichtigt weder die zu hohe Anforderung noch das Talent sowie unterschiedliche Voraussetzungen und vor allem nicht die Relevanz für die Zukunft der Kinder. Beurteilung und Benotung führen vielmehr dazu, dass Kinder und Jugendliche den Zugang und die Freude an dem Fach, dem Thema etc. gänzlich verlieren. Damit erreichen sie das Gegenteil dessen, was Schule erreichen soll.

Jede Einzelheit, jeden kleinen und großen Fortschritt zu bewerten ist nur möglich, wenn man erwartet, dass Schüler/-innen zu einem bestimmten Zeitpunkt einen bestimmten Standard erfüllen. Dabei spielt die eigene Kreativität oder der eigene Lösungsansatz oft keine Rolle. Es zählt allein, exakt das abzurufen und darzulegen, was man und wie man es im Unterricht gelernt hat. Ob man das Gelernte auch verstanden hat, darauf kommt es nicht an, sondern lediglich darauf, der Lehrkraft zu zeigen, dass man das von ihr Präsentierte wiedergeben kann. Die Individualität des Lernens und eigenständiges Denken spielen in der schulischen Realität keine besondere Rolle.

In der Mathematik gibt es oft mehrere Wege zu einer Lösung. Meine Kinder lernen heute vielfach andere Lösungswege als ich in meiner Schulzeit. Wenn ich ihnen helfe und dann erkläre, wie ich eine bestimmte Aufgabe lösen würde, verstehen sie mich oft gar nicht, weil es nicht der Weg ist, den sie lernen sollen. Dabei kommt es vor, dass unsere Kinder im Unterricht einen Weg lernen, der weniger praktikabel für sie ist, während sie die Aufgaben problemlos lösen könnten, wenn sie einen anderen als den vorgeschriebenen Lösungsweg verwendeten. Das Problem ist, dass die Kinder in Klassenarbeiten letztlich den im Unterricht erlernten Rechenweg nehmen müssen und nicht den, mit dem sie die Aufgaben leichter lösen können. Es wird also nicht bewertet und beurteilt, ob man eine Aufgabe lösen kann, sondern lediglich, ob man das kann, was die Schule vorgibt.

Am schlimmsten trifft dieses System das Mathegenie, das sämtliche Aufgaben problemlos und extrem schnell im Kopf lösen kann, die Rechenwege aber nicht visualisiert. Dieses Genie landet auf der Bewertungsskala ganz weit unten.

Dieser ganze Beurteilungswahn verhindert und behindert erfolgreiches und nachhaltiges Lernen. Objektiv beurteilen kann man nur, was man standardisiert. Kreativität ist nicht standardisierbar. Das Lernen ebenso wenig. Und unsere Kinder und Jugendlichen sind es erst recht nicht. Und wir sollten niemals versuchen, dies zu tun. Unsere Individualität ist Teil unseres menschlichen Reichtums und Grundlage für die zahllosen Innovationen in der Menschheitsgeschichte. Eine so prägende Einrichtung wie Schule sollte niemals versuchen, Individualität durch Standardisierung zu ersetzen.

Da weder unsere Kinder noch das Lernen standardisiert werden können und sollten, ist eine gerechte und für alle hilfreiche und nachvollziehbare Beurteilung und Benotung nicht möglich. Zu viele Faktoren, darunter auch der menschliche Faktor Lehrkraft, machen jede Beurteilung subjektiv.

Seit Jahrzehnten wissen wir, dass die Bildungsabschlüsse in den einzelnen Bundesländern nicht vergleichbar sind. Daran haben auch die Standards der Kultusministerkonferenz (KMK) im Prinzip nichts geändert. Auch Bildungsstandards und ein Klausurenpool werden kaum mehr Gerechtigkeit und Objektivität in Schule und Bildungsabschlüsse bringen. Zu allem Überfluss haben wir mit dem Bologna-Prozess auch die Universitäten verschult, Ihnen also ein veraltetes und ineffizientes Modell verpasst, anstatt umgekehrt unsere Schulen zu »veruniversitären«, zu modernisieren und fit für das 21. Jahrhundert zu machen.

Was wir im Grunde benötigen, sind nicht Abschlüsse, sondern junge Menschen, die wirklich gebildet sind, die über nutzbare Fähigkeiten und Fertigkeiten verfügen, mit denen sie gut vorbereitet sind auf das Leben nach der Schule. Wir benötigen junge Menschen, die gelernt haben zu denken, kreativ zu sein, nach Lösungen zu suchen, auch wenn diese noch so abwegig sind und vom Altbekannten abweichen. Wir brauchen Menschen, die mutig genug sind, eigenständig zu denken, über dieses Denken zu reflektieren und sich mit anderen darüber auszutauschen, ohne befürchten zu müssen, für falsche Wege und Irrtümer verurteilt zu werden. Wenn uns das in der Schule nicht gelingt – und im Augenblick gelingt es uns nicht –, dann brauchen wir die Schulen nicht und sollten sie abschaffen.

GERINGSCHÄTZUNG IST TEIL DES GESCHÄFTS

Der Beurteilungswahn und die Ungerechtigkeit der Notengebung hängen sehr eng zusammen. Noten sind die in Ziffern gefasste Beurteilung. Beinahe alles muss und wird in der Schule beurteilt, also mit einer Note versehen. Das ist das eigentliche Ziel von Schule. Nicht Bildung, nicht Förderung, nicht die Entwicklung von Fertigkeiten und Kompetenzen, nicht soziales Lernen. Diese Begriffe versuchen lediglich zu kaschieren, worum es in der Schule tatsächlich geht: den Menschen nach seiner vermeintlichen Leistungsfähigkeit zu klassifizieren und zu kategorisieren. Während im europäischen Mittelalter die Menschen in einer ständischen Ordnung lebten, in Indien heute noch ein striktes Kastensystem herrscht, dessen Spitze Priester und Gelehrte bilden, während die Unberührbaren ganz unten rangieren, wählen wir heute nach vermuteter Bildung und Abschlüssen aus. Dabei achten wir trotz gegenteiliger Beteuerungen strikt darauf, eine unerwünschte Vermischung und Durchlässigkeit weitgehend auszuschließen. Die Bundesrepublik ist ein Land, in dem die soziale Herkunft stark über den schulischen Werdegang und die berufliche Zukunft entscheidet. Ein sozialer Aufstieg ist nur schwer möglich. Einmal Arbeiterklasse, immer Arbeiterklasse. Das entspricht so ganz der Ständegesellschaft, in der es eben auch keine Durchlässigkeit gab.

Das Bildungsbürgertum, das Ängste vor dem Aufstieg anderer und vor dem eigenen Abstieg hat, sorgt dafür, dass sich an diesem Zustand nichts ändert. Je größer die Konkurrenz, desto schwieriger die Profilierung. Da umgibt man sich lieber mit den Mittelmäßigen aus der eigenen sozialen Schicht, als Hochleistern aus der Unterschicht den Weg zu ebnen und faire Chancen einzuräumen.

Lehrer/innen entstammen allzu oft dieser bildungsbürgerlichen Schicht, und leider sitzen sie in der Schule an den richtigen Hebeln, um jede Durchlässigkeit zu erschweren oder zu verhindern und damit die eigene soziale Schicht vor Eindringlingen zu schützen.

Ich möchte das am Thema der besonderen Begabung verdeutlichen. Im Allgemeinen geht man davon aus, dass lediglich zwei Prozent der Bevölkerung hochbegabt sind. Da eine stattliche Zahl dieser Hochbegabten sogenannte *Underachiever*, also »Minderleister«, sind, die oft noch sozial auffallen, haben wir nur selten das Vergnügen, hochbegabten

Menschen bewusst zu begegnen. Die mangelnde Erfahrung von Lehrkräften mit solchen Schüler/innen, gepaart mit dem Anspruch der Eltern, ihr Kind sei etwas Besonderes, lässt Lehrkräfte sofort in Abwehrstellung gehen, sobald auch nur die leiseste Vermutung einer Hochbegabung im Raum steht. Lehrer/innen gehen stets davon aus, dass Eltern mit dem Begriff »Hochbegabung« lediglich das sozial auffällige Verhalten ihrer Zöglinge entschuldigen wollen, statt ihm Manieren beizubringen.

Ungeachtet der Frage der Begabung reduzieren Lehrkräfte die Auffälligkeit des Kindes in der Schule ausschließlich auf die Verhaltenskomponente. Indem sie soziales Missverhalten nicht auf die Art des Schulunterrichts und der Lehrkräfte beziehen, sondern lediglich auf die Person des Kindes, nehmen sie diesem und sich selbst jede Chance, sich dem Problem der sozialen Auffälligkeit zu stellen. Lehrkräfte delegieren damit eine ihnen obliegende Aufgabe an die Eltern und das Kind, eine eventuell vorliegende besondere Begabung schließt man damit von vornherein aus und unterbindet so einen möglichen Aufstieg. Während Underachiever durch schlechte Leistungen und oft durch soziale Auffälligkeit glänzen und somit nicht aufsteigen, gelingt der Aufstieg den sogenannten Hochleistern kaum, weil Lehrkräfte davon ausgehen, dass ihr Fleiß lediglich für gute Noten im besuchten Schulzweig reicht. Im nächsthöheren, also vor allem im Gymnasium, erbrächte dieser Fleiß keine guten Noten mehr. Und selbst fleißige Gymnasiasten würden irgendwann an ihre Grenzen stoßen, denn Fleiß kann nicht alles kompensieren.

Statt Potenzial sehen Lehrkräfte eher Grenzen. So können weder die Begabten noch die Hochleister aufsteigen. Da die Unterstützung aus der Schule fehlt, müssen Hochleister wesentlich mehr Mittel einsetzen als notwendig, um doch erfolgreich zu sein.

Es sind nicht die Schule, die Fächer und das Lernen per se, die unsere Schüler/innen zu Auffälligkeiten, zu Unlust und Lernfaulheit drängen. Es ist die Art und Weise, wie Schule, die Fächer und das Lernen heute immer noch sind. Es ist die strenge und unsinnige Kategorisierung nach Fächern und Schulstunden, nach Klassenstufen und Schulzweigen, die Besserwisserei von Lehrkräften, die auch noch das letzte Haar in der Suppe suchen und dabei allzu oft das Positive übersehen.

Lehrkräfte legen gegenüber Schüler/innen nicht die Geduld an den Tag, die sie ihrerseits von ihnen fordern. Dem leistungsstarken Jungen wird abverlangt, eine bereits verstandene Aufgabe immer wieder geduldig mit den anderen zu üben. Gleichzeitig maßregelt man ihn, wenn er aus Langeweile anfängt, sich abzulenken, oder irgendwann darum bittet, doch endlich im Stoff weiterzumachen. Unverständnis, Aufmüpfigkeit und Störungen sind die zwangsläufige Folge.

Hier wäre sicherlich die allseits gewünschte und geforderte Binnendifferenzierung eine Möglichkeit. Doch viele Lehrkräfte fühlen sich von dieser erheblichen Zusatzarbeit überfordert, abgesehen davon, dass sie oft nicht einmal wissen, was eine anständige Differenzierung ist oder wie sie diese mit der von ihnen geforderten Erfüllung der Lehrpläne in Einklang bringen sollen. Im herkömmlichen Unterricht sind einer vernünftigen Binnendifferenzierung ohnehin erhebliche Grenzen gesetzt.

Insofern ist Binnendifferenzierung lediglich der klägliche Versuch, die erkannte Verschiedenartigkeit der Kinder im engen Rahmen unseres Normierungssystems ein Stück weit anzuerkennen, was nicht innerer Einsicht, sondern äußerem Druck geschuldet ist. Sie ist nur dort notwendig, wo Schüler/innen nicht die Möglichkeit haben, nach ihrer Leistung und ihren Präferenzen zu lernen, sondern in Jahrgängen und Schulzweigen festgehalten werden, wo alle zur gleichen Zeit dasselbe lernen, können und wissen müssen.

Das Ziel von Schule ist, alles und jeden zu beurteilen, um ihn anschließend zu kategorisieren. Diese Kategorisierung findet bereits sehr früh statt, noch ehe die Kinder überhaupt Noten bekommen. Die Noten sind dann lediglich die in Ziffern ausgedrückte Kategorie, die weitgehend vom sozialen Status abhängig ist. Diesen festzuschreiben, werden große Anstrengungen unternommen. Das gesamte Schulsystem mit seinen Jahrgangsklassen, Tests, Prüfungen, Belehrungen, Demotivationen usw. dient nicht dazu, Schüler/innen zu fördern und zu unterstützen, sondern die bestehenden gesellschaftlichen Verhältnisse zu zementieren. Lehrkräfte sehen in Kindern eben nicht das Beste, das Potenzial, das es zu fördern und anzuregen gilt, vielmehr nehmen sie weitgehend die Mängel wahr, heben diese hervor und bilden sich auf dieser Grundlage ihr Urteil.

Deshalb ist es einfacher, schlechte Noten zu vergeben als gute. Man sieht mehr Schlechtes als Gutes. Zumal das Gute auch immer die eigene Leistung und Leistungsfähigkeit infrage stellt. So können gute Schüler/innen womöglich mit den Leistungen der Lehrkräfte konkurrieren. Das kratzt am eigenen Selbstwertgefühl.

Daher tun sich Lehrkräfte im Allgemeinen sehr schwer damit, herausragende Leistungen von Schüler/innen anzuerkennen. Noch gehen sie vorurteilsfrei mit den Kindern um. Man unterhält sich etwa mit Kolleg/innen, die bereits Erfahrung gesammelt haben, über einen Schüler oder eine Schülerin, bevor man ihn/sie selbst im eigenen Unterricht erlebt. So pflanzt sich ein gewonnener Eindruck von Lehrkraft zu Lehrkraft fort, und die Schüler/innen haben kaum eine Chance, diesen zu revidieren. Hinzu kommt, dass in unserer Gesellschaft Mittelmäßigkeit eher honoriert wird als hervorragende Leistung, die gerne als Überschätzung abgewertet wird. In der Schule führt das zu mangelnder Anerkennung von Leistung und, in dessen Folge, zu Demotivation. Im besten Fall richten sich betroffene Schüler/innen in der Mittelmäßigkeit ein, im schlimmsten Fall führt die Spirale weiter abwärts. Ein kleines Beispiel aus der Grundschule mag die mangelnde Wertschätzung herausragender Leistung veranschaulichen.

Einer meiner Töchter fällt das Lernen sehr leicht. Sie ist sowohl mathematisch als auch sprachlich weiter entwickelt als die meisten gleichaltrigen Klassenkamerad/innen. Mit den gestellten Aufgaben kommt sie besser zurecht und erledigt sie extrem zügig. Diese Fähigkeit teilt sie mit zwei Klassenkameradinnen. Die Klassenlehrerin honorierte die Leistung insoweit, dass sie alle drei Schülerinnen während des gesamten Schuljahres mit Zusatzmaterial versorgte, welches wir weitgehend selbst besorgen mussten, um ihnen zu ermöglichen, weiter und schneller voranzugehen als der Rest der Klasse. Alle drei waren mit Begeisterung bei der Sache.

Dann kam der Tag des Zeugnisses – ein Lehrbeispiel, wie wenig die Arbeit, der Fleiß und die intellektuellen Fähigkeiten eines Kindes tatsächlich gewürdigt werden. An keiner Stelle fand sich auch nur der kleinste Hinweis auf die mehr als überdurchschnittliche Arbeit der Kinder, stattdessen nur allgemeine Satzbausteine. Nirgendwo fand sich eine Würdigung, eine Anerkennung, die immer auch Motivation bedeutet. Ganz im Gegenteil. Statt des Vorschlags, eine Klasse zu überspringen, wurde etwa meiner Tochter im Zeugnis attestiert, dass sie sich »nicht immer an die Gesprächsregeln im Sitzkreis hielt«. Statt etwas Positives zu würdigen, zog die Klassenlehrerin es vor, einen negativen Aspekt ins Zeugnis aufzunehmen. Wenn man aber so verfährt, dann sollte man fairerweise auch die herausragende Arbeit honorieren.

Wenn Lehrkräfte die Leistungen von Schüler/innen in dieser Weise bewerten, werden diese zwangsläufig irgendwann darauf reagieren und ihr Arbeitsverhalten und ihre Motivation entsprechend anpassen.

Nicht genug damit, dass Lehrkräfte lieber das Schlechte als das Gute sehen, begegnen sie Schüler/innen auch mit Vorurteilen, vor allem jenen aus bildungsfernen Schichten oder solchen mit Migrationshintergrund. Ihnen wird der Weg durch die Schule dadurch erschwert oder gar ganz verbaut, wie intelligent und leistungswillig sie zu Anfang auch sein mögen.

Als Leiter des gymnasialen Zweigs einer kooperativen Gesamtschule hat man den Vorteil, das gesamte Spektrum der Schüler/innen, die aus den Grundschulen an die weiterführende Schule wechseln, zu sehen. Jedes Jahr sitzen die Leiter der drei Schulzweige – Hauptschule, Realschule und Gymnasium – zusammen und nehmen die Schüler/innen auf. Vor der Aufnahme findet ein Gespräch mit den Schüler/innen und deren Eltern statt, und zwar nicht nur mit jenen, die für den eigenen Schulzweig von der Grundschule vorgeschlagen wurden, sondern auch mit jenen, die einen der beiden anderen Schulzweige besuchen sollen. Dabei hatte ich selbst den Eindruck, dass Schüler/innen mit Migrationshintergrund bei gleicher attestierter Leistung eher in die Realschule statt ins Gymnasium bzw. eher in die Hauptschule als in die Realschule empfohlen werden. Studien sollen dies angeblich belegen. Ich habe diesen Befund an meiner Schule nicht verifiziert, sondern ging eher davon aus, dass es sich um einen persönlichen Eindruck handele, der sich bei statistischer Aufbereitung als falsch herausstellen würde. Die Einschätzung der Grundschulen basiert ja nicht nur auf den Zeugnisnoten, sondern auch auf dem Gesamteindruck, den die Schüler/innen in den vier Grundschuljahren gemacht haben.

Was mich in diesen Gesprächen am meisten irritierte, war, wie wenig die Kinder sich selbst zutrauten und wie wenig auch die Eltern ihnen auf dem höheren Schulzweig zutrauten. Wenn ich durch Zeugnis und persönliches Gespräch überzeugt war, ein Kind könne durchaus auch auf dem Gymnasium mithalten, dann glaubten mir beide oft nicht. Die Grundschule hatte sie derart von der geringen Leistungsfähigkeit überzeugt, dass Kind und Eltern kein entsprechendes Zutrauen mehr hatten. Ähnliches gilt im Übrigen auch für Kinder und Eltern ohne Migrationshintergrund. Diese ließen sich jedoch eher davon überzeugen, dass das Kind mehr kann, als es sich zutraute.

Ich erinnere mich an eine Schülerin, die davon überzeugt war, trotz herausragender Noten in der Grundschule auf dem Gymnasium nicht mithalten zu können, weil sie zu Hause erlebte, welche Erfahrungen ihr Bruder mit diesem Schulzweig machte. Zwei Jahre lang besuchte sie mit Einser-Noten die Realschule, doch auch diese konnten sie nicht davon überzeugen, dass sie zu mehr in der Lage wäre. Hier hatte die Schule auf breiter Basis versagt. Ihr Umgang mit einem Schüler hatte starken Einfluss auf den schulischen Weg einer Schülerin. Die Erfahrung des Bruders demotivierte die Schülerin und untergrub ihr Selbstvertrauen, sodass ich zwei Jahre benötigte, um sie (und ihre Eltern) vom Gegenteil zu überzeugen.

Wie sehr Schule versagt und demotiviert, wie sehr sie Schülern mit Vorurteilen begegnet, zeigen ein paar Beispiele, die ich hier kurz schildern möchte.[3] Sie haben mich erschrocken und entsetzt, weil sie veranschaulichen, dass einzelne Wahrnehmungen genau das nicht sind – einzeln. Und in ihrer Überspitzung machen sie deutlich, wie es anderen Schüler/innen in der Schule ergeht.

In einem der Beispiele berichtet ein junger Mann mit marokkanischen Wurzeln, dass die Lehrkraft beim Einschulungstest zwar seine Stifthaltung gelobt und auch wahrgenommen habe, wie gut er alle Aufgaben meisterte, sich über diese gute Leistung aber sehr erstaunt gezeigt habe. Und obwohl die Lehrerin ihn für grundschulfähig hielt, empfahl sie zur Sicherheit die Teilnahme an der Vorschule, wenn auch nur für ein paar Monate, mit dem Hinweis, bei Ausländern schade dies nicht. Seine gute Leistung spielte also gar keine Rolle. Für die Entscheidung und Bewertung war letztlich der Migrationshintergrund ausschlaggebend. Während des Studiums musste der junge Mann sich dann sagen lassen, dass es »eine monokausale Verbindung zwischen Migration und Kriminalität« gebe. Er musste sich anhören, dass er »als Mohamed nicht objektiv forschen oder schreiben könne«.

Eine junge Frau mit chinesischen Wurzeln sah sich positiver Diskriminierung seitens der Lehrkräfte ausgesetzt, die sie stets dafür lobten, wie gut sie Deutsch könne. Sicher nett gemeint, war das Lob dennoch vergiftet, weil es unterstellte, dass Ausländer normalerweise nicht akzentfrei Deutsch sprechen können. Belastet mit dem Vorurteil bezüglich der Sprachkompetenz von Ausländern, drückte das Komplement letztlich Geringschätzung aus.

In einem anderen Fall musste eine Frau vier Jahre den Deutsch-Förderunterricht der Grundschule besuchen, obwohl sie noch vor dem Eintritt in die Schule bereits Deutsch lesen und fehlerfrei schreiben konnte, nur weil sie einen Migrationshintergrund hatte. Auch hier fehlte nicht der Hinweis, es könne ja nicht schaden. Den Besuch des Gymnasiums traute man ihr gar nicht erst zu, und als sie doch aufs Gymnasium wechselte, zeigte man sich auch dort erstaunt über ihre guten mündlichen und schriftlichen Deutschkenntnisse.

Dass diese drei Menschen es trotz der widrigen Umstände schafften, unser Bildungssystem erfolgreich zu durchlaufen, und dass sie heute als Zeitungsredakteure arbeiten, ist umso erfreulicher. Erfolgreich waren sie jedoch nicht wegen, sondern trotz des Schulsystems. Eine der Betroffenen fragt deshalb zu Recht, was wohl aus ihr geworden wäre, hätten ihre Eltern sie nicht so hartnäckig gefördert und hätte sie irgendwann aufgehört, an sich zu glauben. Sie vermutet zu Recht, dass sie in diesem Fall wohl gescheitert wäre. Dabei ist es nicht die ausschließliche Aufgabe von Kindern und Eltern, an den Erfolg der Ersteren zu glauben. Es ist die Aufgabe der Schule und ihrer Lehrkräfte, an die Schüler/innen und ihre Leistungsfähigkeit, an ihre Fertigkeiten und Fähigkeiten zu glauben und sie darin zu bestärken, ihnen Mut zu machen, auch schwere Wege zu gehen und Fehler zu machen, über sich hinauszuwachsen und in der Anstrengung auch Freude zu sehen.

Diese Aufgabe aber nimmt unsere Schule nicht wahr. Unsere Schule entmutigt und entwertet, was Schüler/innen können, indem sie es nicht anerkennt. Unsere Schule schafft es nicht, Schüler/innen zu zeigen, dass man an sie und ihre

Leistungsfähigkeit glaubt. Die Schule ermuntert nicht dazu, Fehler zu machen, auszuprobieren, über sich hinauszuwachsen, weil sie auf jeden kleinen Fehler aufmerksam macht und ihn ahndet. Sie lässt keinen Raum fürs Ausprobieren, weil sie Schüler/innen stets unter Zeit-, Noten- und Prüfungsdruck stellt. Und weil Über-sich-Hinauswachsen und wirkliche Anstrengung nicht honoriert werden, haben Schüler/-innen auch wenig Lust dazu. Was man ihnen nicht verdenken kann.

Was die drei Betroffenen mit Migrationshintergrund erlebten, erleben Tausende Kinder aus bildungsfernen, aber auch aus bildungsnahen Elternhäusern ebenso. Kinder aus bildungsbürgerlichen Elternhäusern haben allerdings den Vorteil, dass deren Eltern nicht so schnell aufgeben und gegenüber der Schule kritischer eingestellt sind. Sie schicken ihre Kinder auch ohne entsprechende Empfehlung aufs Gymnasium. Da wird der Nachwuchs dann eben mit Nachhilfe an die Norm angepasst. Diese Eltern engagieren sich und suchen das Gespräch mit den Lehrkräften. Und persönliche Beziehungen können einiges bewirken. Die Kinder werden dabei so lange getriezt, bis die Noten stimmen. Hartnäckigkeit zur Anpassung zahlt sich am Ende aus, nicht die Unterstützung durch die Schule

All das ist der Normierung geschuldet und dem Beurteilungswahn. Und selbstverständlich der menschlichen Eigenschaft, stets mehr auf den Mangel zu blicken als auf die Potenziale. Das beginnt bereits im Kindergarten, wenn es um die Frage der Einschulung geht. Kinder spielen gerne, und sie tun dies noch eine ganze Weile, auch wenn sie schon die Schule besuchen. Dennoch wird die Schulfähigkeit seitens der Erzieherinnen gerne mit dem Hinweis infrage gestellt, das Kind sei ja noch so verspielt. Dass es sich auch sehr für Buchstaben und Zahlen interessiert und Rechnen und Lesen lernen will, wird dabei nicht in Betracht gezogen. Der Lernwille wird dem Spielwunsch untergeordnet. Allzu häufig fangen die Kinder kurz darauf an, sich im Kindergarten zu langweilen. Das System der starren Einschulung im Sommer macht diese Zeit für Kinder und Eltern schwierig. Ein flexibler Start würde hier erhebliche Abhilfe schaffen. Er könnte nicht nur den Spieltrieb des Kindes anerkennen und befriedigen, sondern auch die Lust auf das Lernen unterstützen.

Ich selber habe als Schüler den Sprachunterricht gehasst, weil wir bei jedem Satz, den wir sprachen, mehrfach unterbrochen und korrigiert wurden. Ich empfand es als Demütigung, derart vor der Klasse bloßgestellt zu werden. Anstatt mich zum Sprechen zu animieren, wurde ich auf diese Weise eingeschüchtert und sagte in Zukunft nur noch wenig. Noch heute bin ich befangen, wenn ich in Gegenwart von Nicht-Muttersprachlern Englisch reden soll. Ich unterstelle, dass alle Anwesenden besser Englisch können und dass meine Aussprache genau kontrolliert wird. Meine schulische Erfahrung beeinflusst also bis heute meinen Umgang mit Sprache.

Lehrkräfte sind darauf geschult, auf Fehler zu achten und diese zu korrigieren. Das Korrigieren gehört zu ihren Hauptaufgaben: Klassenarbeiten, Lernkontrollen, Hausaufgabenkontrollen, Vokabeltests, Referate, Hausarbeiten usw. Über unsere gesamte Ausbildungszeit, von der Schule über die Universität bis zum Referendariat und zur Festanstellung, wurden wir korrigiert und wurden uns unsere Fehler deutlich vor Augen geführt. Selten haben Lehrkräfte eine Phase erlebt, in der Fehler und Korrekturen keine Rolle spielen. Erst standen sie auf der einen Seite, dann auf der anderen. Deswegen kommt es ihnen auch eher darauf an, dass Schüler/innen lernen, Fehler zu vermeiden und auszumerzen, als dass sie sie dazu ermuntern würden, Fehler zu machen, um ihre Stärken weiter zu fördern. Getrieben vom Bewertungswahn, finden sie auch in einem noch so guten Referat immer noch etwas, das nicht so gut war.

Anstatt froh und glücklich zu sein, dass ein Schüler, der noch nie seine Hausaufgaben gemacht hat, eines Tages mit unvollständigen Hausaufgaben in die Schule kommt – immerhin hatte er ein paar Aufgaben erledigt –, kritisieren wir ihn weiterhin wegen der noch fehlenden Aufgaben. Wie viel Mühe es dem Schüler bereitet haben mag, die wenigen Aufgaben zu erledigen, lassen wir unbeachtet. Uns interessiert nur die mangelnde Vollständigkeit. Wir freuen uns nicht über das Geleistete und ermuntern den Schüler nicht dazu, auf dem harten Weg zu bleiben und beim nächsten Mal vielleicht noch die eine oder andere Aufgabe mehr zu erledigen. Wir verlieren kein Wort darüber, wie gut er die wenigen Aufgaben erledigt hat, aber viele Worte über die nicht erledigten. Und schon ein kleiner Fehler kann den Schüler zu Fall bringen. Wie das Beispiel meines Sohnes zeigt.

In einer Klassenarbeit im Fach Kunst sollte er den Farbkreis nach Itten zeichnen. Johannes Itten war ein Maler und Kunstpädagoge in der ersten Hälfte des 20. Jahrhunderts und entwickelte eine Farbtheorie und ebenjenen Farbkreis. Ich weiß nicht, ob Sie in der Lage sind, diesen aus dem Kopf korrekt zu zeichnen. Und selbst wenn, glaube ich, dass nur wenige von Ihnen diesen Farbkreis für ihren Beruf oder ihr Leben benötigen. Vermutlich gehören Kunstlehrkräfte zu den wenigen, die diesen brauchen, nämlich um Schüler/innen eine Arbeit darüber schreiben zu lassen. Die Klassenarbeit, die mein Sohn schreiben musste, sah lediglich vor, den Kreis zu zeichnen, eine wünschenswerte kritische Auseinandersetzung damit blieb außen vor.

Dabei sollte es in der Schule doch eher darum gehen, sich kritisch mit der Materie auseinanderzusetzen statt sie stupide aufzunehmen und auszuspucken.

Für alle, die sich mit diesem Kreis nicht so gut auskennen, beschreibe ich ihn in aller Kürze und bediene mich dabei der Plattform Wikipedia:

»Im Farbkreis Ittens werden die drei Grundfarben, die ›Farben erster Ordnung‹, im Zentrum angeordnet. Durch Mischung von zwei dieser Grundfarben entstehen die Farben ›zweiter Ordnung‹: Orange, Violett und Grün. Die Reinheit hängt von der korrekten Reinheit der Farben ›erster Ordnung‹ ab. Durch Mischen der Farben ›zweiter Ordnung‹ mit ihren benachbarten Farben ›erster Ordnung‹ erhält man die Farben ›dritter Ordnung‹ in sechs Zwischenstufen. Durch Mischen der Farben ›zweiter Ord-

nung‹ untereinander erhält man nur noch Tertiärfarben in Braun- und Olivtönen, da immer komplementäre Farbanteile enthalten sind. Itten hatte allerdings seine eigene Interpretation von Tertiärfarben. Er verstand darunter das Mischen einer Sekundärfarbe mit einer Grundfarbe.«[4]

Unbeachtet des Sinns der gestellten Aufgabe gelang es meinem Sohn, den Farbkreis komplett darzustellen. Dennoch bekam er keinen einzigen Punkt darauf. Jetzt besitze ich nicht das professionelle Auge einer Lehrkraft im Fach Kunst. Daher verstand ich zunächst nicht, warum dies so war. Erst mit dem zweiten Blick erkannte ich, wo der »Fehler« meines Sohnes lag – sein Farbkreis war spiegelverkehrt. Mein Sohn hatte im Grunde in der Mitte eine senkrechte Achse gezogen und alle Farben an dieser Achse gespiegelt. Obwohl der Farbkreis ansonsten völlig korrekt aufgebaut war – neben jeder Farbe lag die richtige nächste Farbe, nur eben auf der anderen Seite –, machte die Spiegelung das Ergebnis wertlos, im wahrsten Sinne des Wortes. Auch hier kam es nicht darauf an, was mein Sohn geleistet, sondern lediglich, was er nicht geleistet hatte. Keine Nuance des Farbkreises spielte eine Rolle, war nicht den Hauch einer Würdigung wert. Das Einzige, was zählte, war die Spiegelung, womit der Farbkreis gänzlich falsch wurde. Die Spiegelung zeigte nämlich, dass mein Sohn überhaupt nichts verstanden hatte.

Nun verstehe ich durchaus, warum es dafür nicht die volle Punktzahl geben konnte. Aber gar keine Punkte für die gebrachte Leistung zu vergeben halte ich ebenfalls nicht für angebracht. Es stellt sich nämlich die Frage, worauf es eigentlich ankommt. Geht es darum zu zeigen, dass man grundsätzlich verstanden hat, worum es sich bei dem Farbkreis handelt und wie die Farben in Beziehung stehen? Oder geht es eher darum, etwas völlig korrekt auszuspucken, ganz gleich, ob man es verstanden hat oder nicht? Ich denke, das Erstere ist zutreffend. Wissen ohne Verstehen gibt es nicht. Es wäre dann kein Wissen, sondern eher ein Kennen. Ein bloßes Kennen aber ist wertlos. Insofern ist ein 50-prozentiges Verstehen besser als ein 100-prozentiges Kennen. Wenn ein bloßes Kennen aber ohne Bedeutung ist, ergibt es keinen Sinn, es mittels einer Note zu bewerten.

Ich bin der Überzeugung, dass man die Leistung meines Sohnes in irgendeiner Weise hätte honorieren müssen, und habe dies selbst bei von mir bewerteten Arbeiten so gehandhabt. Die grundsätzliche Zuordnung der Farben war schließlich korrekt dargestellt.

In einem Gespräch mit der Schulleiterin und der Kunstlehrerin der Schule meines Sohnes brachte ich mein Unverständnis darüber zum Ausdruck und nahm an, als Kollege würde ich zumindest auf offene Ohren stoßen. Dem war jedoch nicht so. Stattdessen wurde mir die Kritik äußerst übel genommen und ich wurde dafür gemaßregelt, leicht mit Bleistift eine kleine Nachricht auf die Arbeit meines Sohnes geschrieben zu haben. Weder wurde meine Argumentation und Sichtweise berücksichtigt noch erhielt ich eine angemessene Begründung für die null Punkte. Auch mein Einwand, dass die Kritik an Ittens Farbmodell ebenfalls hätte berücksichtigt werden sollen, wurde zurückgewiesen. Ich wurde stattdessen mit der Aussage abgespeist, der Farbkreis sei eben falsch gezeichnet worden und die Kollegin habe sich nun einmal entschieden, dafür keine Punkte zu vergeben. Mein Hinweis auf die fatalen Auswirkungen einer solchen Vorgehensweise auf die Motivation von Schüler/innen wurde damit abgetan, dass man hier im Gymnasium sei und von den Schüler/innen eben einiges verlangt werde. Während des gesamten Gesprächs wurde deutlich, dass es in keiner Weise auf den Schüler, sondern lediglich auf den Stoff ankam.

Lehrer/innen finden immer einen Fehler, den sie anstreichen und herausstellen können. Oft kommt es ihnen auch nicht darauf an, dass Schüler/innen in Klassenarbeiten zeigen, dass sie eine Materie prinzipiell verstanden haben. Und entgegen allen öffentlichen Bekundungen kommt es ihnen auch allzu oft überhaupt nicht darauf an, Schülerleistungen wertzuschätzen, das Geleistete motivierend anzuerkennen und Schüler/innen zu weiterer Leistungssteigerung anzustacheln. Statt positiver Motivation finden wir in der Schule in den allermeisten Fällen negative Motivation über schlechte Noten, Kritik am Geleisteten und die Aufforderung, es besser zu machen, wenn man nicht Nachteile etwa in Form des Sitzenbleibens in Kauf nehmen möchte.

In Unternehmen werden Vorgesetzte, die ihre Mitarbeiter auf diese Weise zu motivieren trachten, zu Recht kritisiert. Wer an einen solchen Chef gerät, der sucht sich früher oder später eine neue Arbeitsstelle. Unsere Kinder können das meist nicht. Doch so, wie wir eine Würdigung unserer Arbeit und Leistung erwarten, sollten wir auch bereit sein, sie unseren Schüler/innen für deren Arbeit und Leistung zuzugestehen. Wie oft beschweren sich gerade Lehrkräfte über die mangelnde Wertschätzung seitens der Schulleitung, der Schulbehörden, der Politik und der Elternschaft. Mangelnde Wertschätzung ist ein Kernthema in Lehrerzimmern. Schüler/innen jedoch angemessen wertzuschätzen, kommt Lehrkräften dabei anscheinend nicht in den Sinn.

Wenn Schule also nur darauf aus ist, auch noch den letzten Fehler anzukreiden und alles zu kritisieren, was Schüler/-innen leisten, wenn sie erbrachte Leistung nicht angemessen wertschätzt und Schüler/innen dadurch auch nicht zu weiterer Leistung motiviert und anspornt, dann ist Schule kein Ort, der unseren Kindern guttut und der sie sinnvoll auf die Zukunft vorbereitet. Einen solchen Ort brauchen weder unsere Kinder noch wir als Gesellschaft. Und was wir nicht brauchen, das können wir getrost abschaffen.

LEHRER/INNEN – EINE SCHWIERIGE SPEZIES

Wie schreibt man über eine Gruppe von Menschen, der man selbst angehört? Ist es möglich, diese Gruppe objektiv zu beschreiben? Egal, ob man lobt oder Kritik äußert, immer bezieht sich das Gesagte auch auf einen selbst. Zu viel Lob wirkt unglaubwürdig und wie eine Verteidigung. Kritik an der eigenen Zunft hingegen wird von vielen als Nestbeschmutzung aufgefasst und man wird schnell in eine Außenseiterrolle gedrängt, in der einem mangelnde Professionalität und Unzulänglichkeit unterstellt werden. Diese Verteidigungshaltung ist verständlich, doch bringt sie uns seit Jahrzehnten in der Entwicklung von Schule hin zu einer kind- und zeitgemäßen Einrichtung nicht weiter. Interne Kritik mag ehrlicher und realitätsnäher sein als kritische Anmerkungen von Außenstehenden, aber sie ist auch gefährlicher, denn man läuft Gefahr, den eigenen Berufsstand gegen sich aufzubringen.

Daher möchte ich mit einem Lob und einer Wertschätzung einsteigen. Ich habe im Rahmen meiner beruflichen Tätigkeit einige vorbildliche Lehrer/innen kennengelernt und in Aktion erlebt, Lehrer/innen, die sich empathisch den Schüler/innen zuwandten. Lehrer/innen, die das Wohl der ihnen Anvertrauten immer über den Lehrplan stellten. Die sich einsetzten und engagierten. Die sich bemühten, auch wenn ihnen dadurch noch mehr abverlangt wurde. Die ihren Schüler/innen die bestmögliche Unterstützung zukommen ließen, damit sie den bestmöglichen Abschluss erreichen konnten. Manche von ihnen waren stark genug, trotz der Widrigkeiten der Schule an ihren Überzeugungen und ihrer Zugewandtheit festzuhalten und diese jeden Tag zu leben. Andere litten unter der Diskrepanz zwischen dem eigenen Anspruch und dem Anspruch der Schulbürokratie. Andere wiederum gaben irgendwann auf und fügten sich in das System ein, sie empfanden ihre Arbeit oft als Kampf gegen

Windmühlen. In ihrer Gesamtheit aber sind diese Lehrkräfte, die sich den Schüler/innen stärker verpflichtet fühlen als dem System, in der Minderheit, und vermutlich hat ihre Zahl in den letzten Jahrzehnten abgenommen. Deswegen konnten sich deutliche Veränderungen in der Schule nie flächendeckend durchsetzen.

Ich selbst halte mich, gemessen an den Maßstäben der aktuellen Schulpolitik, Schulausbildung und den Vorgaben des Lehrplans, für keinen besonders guten Lehrer. Ich mache Unterricht, wie ich ihn für richtig erachte. Ich lasse den Schüler/innen viel Freiraum für eigenes aktives Denken, lasse sie gelegentlich vom eigentlichen Lerngegenstand abschweifen, hin zu dem, was sie momentan am Unterrichtsthema interessiert. Solange wir nicht bei etwas gänzlich anderem landen, ist vieles erlaubt. Auch der Exkurs in andere Fächer, wenn es sich gerade ergibt und als lerndienlich erweist. Ich antizipiere nicht (mehr) jeden Schritt im Unterricht, und manchmal formuliere ich nicht einmal ein eindeutiges Lernziel. Es ist viel spannender und oft auch viel erfolgreicher, dem Weg der Klasse zu folgen, als streng jede Passage vorzugeben. Ich ermuntere meine Schüler/innen stets, Denken zu lernen, nicht Fakten. Dafür braucht es Freiräume. Ich habe immer die Hoffnung, Schüler/innen in Erstaunen zu versetzen, ihre Neugierde zu wecken, ihren Wissensdurst anzuzapfen. Mit den vorgegebenen Themen geht das nicht immer, und es geht oft gerade dann nicht, wenn ich es möchte. Aber »Denken lernen« kann man an vielen Gegenständen.

Als Politiklehrer habe ich oft den Vorteil, auf Tagesaktuelles zurückgreifen zu können, insbesondere wenn die Klasse ein Bedürfnis hat, sich damit auseinanderzusetzen. In diesen Momenten ergeben sich oft die größten Lernfortschritte. Leider entferne ich mich damit immer wieder vom Curriculum.

Ich springe nicht auf jede neue Methode auf, nur um der Methode willen. Ich versuche nicht zwanghaft, irgendwelche Neuerungen in den Unterricht einzubauen. Ich höre viel auf die Schüler/innen und lasse sie entscheiden, mit welcher Methode sie arbeiten möchten. Ich bin davon überzeugt, dass neben der Beschäftigung mit den Fakten das Unterrichtsgespräch, der Austausch der Gedanken, und seien sie manchmal noch so abstrus, von großer Wichtigkeit sind. Ein offener und ungezwungener Austausch der Gedanken ist in der Schule aber weitgehend unmöglich, weil die Schüler/-innen sich ständig bewusst sein müssen, dass sämtliche ihrer Aussagen beurteilt und bewertet werden, was sie enorm unter Druck setzt und dafür sorgt, dass viele gute Gedanken unausgesprochen bleiben.

Zu dieser Zurückhaltung trägt die Lehrkraft als Hauptverantwortliche wesentlich bei. Von dem Moment an, wo sie die Schule mit dem Abiturzeugnis verlässt, verrät sie das, was sie selbst einmal war, entweder freiwillig oder weil sie dazu gezwungen wird. Tut sie es nicht, wird sie während ihres gesamten Berufslebens leiden. Manche merken es, andere nicht. Manche ziehen die Reißleine, andere verhärmen und steigen vor der Zeit erschöpft und verschlissen aus dem Beruf aus. Andere leben einfach damit und finden einen seelischen Ausgleich außerhalb der Schule. In der Schule entwickelt er sich möglicherweise zum besserwisserischen Tyrannen, zum Schüler/innenhasser, zum Elternmaßregler, zum Dauernörgler und Berufszyniker, womit er sich bei jenen einreiht, die dies schon zu Beginn ihrer schulischen Laufbahn waren.

Dabei geschieht der Verrat nicht von einem Moment auf den nächsten. Es ist vielmehr ein schleichender Prozess. So sehr ist man dem System verhaftet, ja wird von ihm absorbiert, dass man die eigene Veränderung kaum wahrnimmt.

Wie unsere Schüler/innen werden auch unsere Student/-innen und Referendar/innen auf Norm getrimmt, stets angepasst an die in Abständen wechselnden Standards deutscher Schulpolitik. Es ist dieser Zwang zur Normierung von Menschen und Dingen, aus dem die rechtlich bindende Schulpflicht erwächst. Nur der Staatsapparat kann über seine kultusministerialen Fangarme die Normierung des Lehrkörpers und seiner Schutzbefohlenen sicherstellen. Uns Deutschen eint eine innere Angst vor zu starker Unterschiedlichkeit. Wir fürchten, was Elternhäuser ohne Aufsicht des Staates mit ihren Kindern anstellen. Unter dem hehren Deckmantel der Fürsorglichkeit verbergen wir unsere Furcht vor Unterschiedlichkeit. Egalisierung ist uns ein Herzensprojekt, weswegen wir unsere Kinder am liebsten so früh wie möglich in die Obhut des Staates geben wollen – nicht alle, versteht sich, aber doch viele. So wollen wir neben dem Sondermodell der Schulpflicht als Schulzwang –

niemand kann Kinder so gut erziehen wie der Staat – am liebsten auch eine Kindergartenpflicht einführen. Es wäre zu überlegen, ob wir nicht auch eine Ammenpflicht in Betracht ziehen sollten. So könnten wir gleich nach der Geburt unsere Frischgeborenen in die Obhut staatlich geprüfter Beamtenammen geben und könnten sicher sein, unser Kind als Erwachsene der deutschen Norm angepasst wiederzubekommen.

Ob wir uns mit dieser staatlichen Reglementierung auf Dauer einen Gefallen tun, wage ich zu bezweifeln, insbesondere wenn unsere Kinder in Schulen der heutigen Art gehen müssen. Denn es sind die Freidenker und Freigeister, die Unangepassten, die Mutigen und Revoltierenden, die eine Gesellschaft voranbringen und Innovationen hervorbringen, und nicht die normierten Kleingeister, die so handeln, wie ihre Vorväter schon gehandelt haben.

Am weitesten verbreitet im staatlichen Schulwesen ist die staatlich normierte Lehrkraft, die im Referendariat an das System angepasst wird. Weniger häufig anzutreffen sind jene, die über Umwege in die Schule gefunden haben. Menschen, die zunächst etwas anderes studierten und sich erst später im Lehramtsstudium wiederfanden. Und neuerdings auch Menschen, die nach abgeschlossenem Studium und außerschulischer Berufslaufbahn am Ende doch zurück in die Schule finden.

Die zweite Form der Lehrkraft versuchte zunächst, sich aus dem System zu befreien, was ihr gänzlich misslang. Aber immerhin hat sie auf dem Weg zum Lehrerdasein versucht, ansatzweise über den Tellerrand zu blicken, ehe das Normierungssystem sie wieder einfing.

Die letzte Gruppe ist die für die Schule gefährlichste. Quereinsteiger bringen Erfahrungen und Sichtweisen mit, wie sie nur außerhalb der Schule zu finden sind, doch anstatt diesen Erfahrungsschatz zu nutzen, setzt der Staat alles daran, auch sie zu normieren. Dabei kann er sich darauf verlassen, dass in diesen Menschen ein innerer Zwang zur Anpassung besteht. Denn wer wechselt schon mit 40 Jahren in die Schule und durchläuft eine angepasste Form des Referendariats, wenn er bis dahin außerhalb der Schule beruflich erfolgreich war? Für viele, wenn nicht alle Quereinsteiger ist die Schule ein Ausweg aus irgendeiner beruflichen Sackgasse, ein Ausweg, der eine berufliche Sicherheit verspricht, die man bis dahin womöglich nicht verspürt hatte. Auf dieses Sicherheitsversprechen baut die Schule und normiert auch die Quereinsteiger. So unterrichtet am Ende stets die gleiche Spezies unsere Kinder, die schon uns und unsere Eltern unterrichtet hat. Diese Lehrkraft ist nur in den seltensten Fällen an den Kindern als Menschen interessiert. Ihr einziges Interesse gilt dem Fach und dem Stoff. Als Maßstab dienen die eigene Leistungsfähigkeit und der eigene Leistungsstand. Die Kinder dienen lediglich als Vehikel für die Vermittlung des Lehrstoffs, ganz im Sinne einer normierten Allgemeinbildung. Wie wenig diese Lehrkräfte sich für den Menschen interessieren und wie sehr sie der guten Entwicklung unserer Kinder im Wege stehen, dafür gibt es zuhauf Beispiele aus dem Alltag.

Ich selbst hatte einmal einen Schüler im Unterricht, der sich lange Zeit sehr schwer tat im Umgang mit Lehrkräften. Mir selbst war seine schulische Vita unbekannt, was sich als wahrer Glücksfall entpuppte, da ich so völlig vorurteilsfrei mit ihm umgehen konnte. Dieser Schüler war sehr höflich und konnte sehr differenziert denken. Daher war ich mehr als erstaunt, dass die meisten Kolleg/innen sich über sein Verhalten beklagten. Sie berichteten über dauerhafte Störungen und Aufmüpfigkeiten, ein Verhalten, das ich während meines Unterrichts an ihm überhaupt nicht wahrgenommen hatte.

Das Problem war, dass dieser Schüler nicht den Erwartungen des normierten Lehrkörpers entsprach. Er gab sich nicht damit zufrieden zu denken, was alle denken sollten. Der Schüler stoppte seine Gedanken auch beim Reden nicht, sondern reflektierte weiter, oft auch über das soeben Gesagte. Er wagte es, auf Abwegen zu wandeln und vermeintliche Gewissheiten zu hinterfragen, die eigenen wie die der Lehrer/innen. Für all das brauchte er Zeit und wünschte sich ein offenes Ohr. Meistens bekam er weder das eine noch das andere, was den Jungen derart aufwühlte, dass er versuchte, sich sein Recht zu erstreiten. So etwas mögen Lehrer/innen gar nicht. Eine solche Insubordination ist ihnen zuwider. Dabei wollte dieser Schüler lediglich gehört werden. Er wollte Gerechtigkeit für seine Gedanken, nicht ihre Unterdrückung.

Unbewusst war es genau das, was ich dem Jungen gab. Die meisten Lehrer/innen, die ihn zeit seines schulischen

Lebens begleiteten, interessierten sich hingegen nicht für ihn. Sie hörten nicht auf das, was er ihn zu sagen versuchte. Zu sehr waren sie auf ihr Fach, den Stoff und das System fixiert, als dass sie die Person, den Menschen und seine Bedürfnisse gesehen hätten.

Ich wiederum kam mit diesem Schüler sehr gut aus, sodass ich für ihn zu einer Art Vertrauensperson wurde. In dieser Funktion suchte er mich eines Tages Hilfe suchend auf, weil er sich in einer Klassenarbeit nicht korrekt bewertet fühlte.

Und der Schüler war völlig im Recht. Der Lehrkraft, die die Arbeit konzipiert hatte, war ein fataler Fehler unterlaufen, der sonst niemandem aufgefallen war. Zwei Aufgaben waren so formuliert, dass sie auf die gleiche Antwort hinausliefen. Oberflächlich konnte man das übersehen. Der Schüler aber hatte es erkannt.

Das half ihm dennoch nichts. Letztlich zählte nur, dass die Schule und die Lehrkraft ihr Gesicht nicht verloren. Weder durfte die Note des Schülers verändert noch die Klassenarbeit neu geschrieben werden.

Was an jenem Tag auf der Strecke blieb, waren ein junger Mensch und die Gerechtigkeit. Das Verhältnis des Schülers zur Einrichtung Schule wurde weiter getrübt, und auch bei mir wurde etwas zerstört. Mich hat damals erschreckt, dass sich der klare Fehler einer Lehrkraft im System Schule nicht korrigieren ließ. Der Mensch tritt in diesem System immer mehr hinter die Sache zurück, die Bedeutung der Inhalte hat stark zugenommen, ebenso der Egoismus unter den Kindern und Jugendlichen. Es geht in der Schule um die Erfüllung des Lehrplans. Zeit ist der Haupttaktgeber, Arbeiten sind der Prüfstand, auf dem darüber entschieden wird, ob man die Zielvorgaben erfüllt oder versagt hat. In dieser kalten, auf Zielerfüllung und Beurteilung ausgerichteten Maschinerie werden Schüler/innen mit ihren Problemen allzu oft nicht ernst genommen und allein gelassen.

Eine meiner Töchter etwa tut sich auf der weiterführenden Schule schwer in ihrer Klasse. Alte Freundschaften aus der Grundschule hatten sich von einem auf das nächste Schuljahr einfach aufgelöst, ein für meine Tochter völlig unverständlicher Vorgang. Mit der Zeit verschärfte sich die Situation zu ihrem Leidwesen noch, und sie fühlte sich immer mehr isoliert in der Klasse, aber auch auf dem Schulhof während der Pause, wenn die anderen bei ihrem Auftauchen die Reihen schlossen. In der Mensa fand sie keinen Platz bei ihrer Gruppe, und im Unterricht blieb sie bei Gruppenarbeiten stets alleine übrig. Die zuständige Lehrkraft schien all dies nicht zu bemerken oder es interessierte sie nicht. Für ein heranwachsendes Mädchen am Beginn der Pubertät ist so etwas nicht sehr angenehm. Vor der anstehenden Klassenfahrt bekam sie Panik und lehnte es ab, daran teilzunehmen.

Von meiner Frau und mir auf die Situation angesprochen, zeigte der Klassenlehrer sich mehr als erstaunt. Er selbst habe in seinem Unterricht nichts davon wahrgenommen, und auch andere Lehrkräfte hätten ihm nichts dergleichen berichtet. Ferner habe sich unsere Tochter nie mit ihrem Problem an ihn gewandt, und in dieser Mitteilung schwang ein gewisser Vorwurf mit. In solchen Situationen bekommt man den Eindruck, als thematisiere man ein gar nicht existierendes Problem. Verschlimmert wird das Ganze, wenn die verantwortliche Lehrkraft die Bitte um Hilfe als persönlichen Angriff auffasst. Die Verteidigungshaltung des Klassenlehrers, gepaart mit der unterschwelligen Vermutung, die Schülerin erfinde und überspitze die Situation, machte in diesem konkreten Fall die Hilfe für das Kind unmöglich.

Sicherlich reagieren Kinder während der Pubertät überempfindlich, dennoch muss man solche Dinge im Kern ernst nehmen und sich darum bemühen, das Problem für alle annehmbar zu lösen. Eltern benötigen dazu unbedingt die Hilfe der Lehrkräfte, sie sind auf ihre Professionalität und Empathie angewiesen – und auf ihre Bereitschaft zu helfen.

Der Klassenlehrer unserer Tochter machte auf uns nicht den Eindruck, als würde er unser Anliegen und die Empfindsamkeit unserer Tochter ernst nehmen. Uns blieb also nichts anderes übrig, als den Klassenlehrer zu bitten, in der nächsten Zeit ein Auge darauf zu haben und das Gespräch mit den Kolleg/innen zu suchen, die wir ebenfalls von dem Empfinden unserer Tochter in Kenntnis gesetzt hatten. Ferner baten wir, uns zu gegebener Zeit eine Rückmeldung zu geben. Dem stimmte der Lehrer zu und versprach sogar, mit unserer Tochter ein Gespräch zu führen.

Weder fand in den kommenden Wochen dieses Gespräch statt noch besserte sich die Situation unserer Tochter. Ein erneutes Gespräch mit dem Klassenlehrer hielt ich für fruchtlos, hatte er doch beim ersten Mal eine Überheblichkeit an den Tag gelegt, die man nur unwissenden und nervigen Eltern entgegenbringt. Viele Lehrkräfte verhalten sich in jeder Situation schulmeisterlich. Wenn ich mich allerdings als Kollege zu erkennen gebe, werde ich als Person plötzlich wahr- und angenommen, und die Lehrkraft wird in ihren Ausführungen vorsichtiger.

In der Zeit nach dem Gespräch, hörten wir von dem Klassenlehrer nichts weiter. Da sich die Situation für unsere Tochter in der Klasse nicht geändert hatte, setzten wir ihn irgendwann davon in Kenntnis, dass sie nicht an der Klassenfahrt teilnehmen werde. Er reagierte gereizt, weil er nun organisatorische Veränderungen vornehmen musste.

Der Fall meiner Tochter ist kein Einzelfall. Ich kenne ähnliche Fälle von anderen Schüler/innen. All diese Fälle zeigen, dass im System Schule die Lerninhalte, Lehrpläne und Fächer wichtiger sind als die betroffenen Personen, deren Probleme man allzu häufig nicht ernst nimmt oder nicht sehen will, zumindest so lange, wie sie dem System nicht schaden. Anstatt dieses System und sich selbst zu hinterfragen, versuchen viele Lehrkräfte, sich hinter einer Mauer aus Arroganz und Unnahbarkeit zu verschanzen. Es ist eben einfacher, das Gegenüber als Unverständigen zu tadeln, als sich selbstkritisch zu reflektieren. Darunter müssen unsere Kinder leiden. Diese Arroganz wird den jungen Referendar/innen bereits während ihrer Ausbildung in den Studienseminaren vermittelt. Es ist die erlebte Arroganz der Studienseminare, welche die gymnasialen Lehrkräfte zwingt, diese zu assimilieren und dann an den Schüler/innen auszulassen. Dabei klaffen die Ansprüche an die Schüler/innen und sich selbst bei Lehrer/innen oft weit auseinander, weil Letztere das Messen mit zweierlei Maß perfektioniert haben. So beschweren sich Lehrkräfte einerseits darüber, dass Schüler/innen etwa ihr Material nicht immer vollzählig dabeihaben, während sie selbst die für einen reibungslosen Ablauf der Zeugniskonferenzen notwendigen Laufzettel nicht rechtzeitig abgeben. Auch Informationsschreiben an die Eltern werden gerne mal kurz vor dem anstehenden Termin ausgegeben, selbst dann, wenn das Schreiben seit Wochen zur Ausgabe bereitlag. Die Kinder müssen den Zettel jedoch am nächsten Tag gleich wieder mitbringen, wollen sie nicht gemaßregelt werden.

Lehrer/innen sind auch nur Menschen. Und auch wenn sie gerne anderen Menschen ihre Fehler unter die Nase reiben, egal ob jung oder alt, machen sie selber genauso viele. Was im Prinzip nicht schlimm ist, nur sollte man sich dessen stets bewusst sein und sein eigenes Handeln und die Erwartungen an andere, besonders an jüngere Menschen, daran orientieren.

Leider ziehen es viele Lehrkräfte vor, oberlehrerhaft mit ihren Mitmenschen umzugehen. Mit diesen Lehrer/innen lässt sich die Schule nicht verändern, denn in ihren Augen ist sie in ihrer Grundstruktur weitgehend perfekt. Eine echte Reform von Schule, gar eine Revolution, ist mit diesen Kolleg/innen nicht durchführbar. Das belegen die vergangenen

Jahrzehnte. Und wenn sie sich mit diesen Lehrkräften nicht im Sinne unserer größten Ressource, der Kinder, verändern und ins 21. Jahrhundert transferieren lässt, dann brauchen wir weder diese Lehrkräfte noch die Schule, in der sie ihren Dienst versehen. Und was wir nicht brauchen, können wir getrost abschaffen.

LEHRER? WARUM SOLLTE ICH LEHRER WERDEN?

In einem weiteren Leserbrief zu dem anfangs erwähnten *Zeit*-Artikel von Manuel Hartungs »Im Leererzimmer«[5] beschwerte sich eine hoch motivierte Ingenieurin für Energie- und Umwelttechnik, die gerne als Quereinsteigerin in den Schuldienst eingetreten wäre, darüber, dass sie keine Chance hatte, da ihre Kompetenz weder dem Bedarfsfach Physik noch Chemie zugeordnet werden konnte. Trotz hoher Qualifikation war sie schlicht nicht bewerbungsfähig. Obwohl unsere Schulen dringend gutes Personal benötigen, hält die Ineffizienz der Schulbürokratie und die Unbeweglichkeit von Schule und Politik hoch motivierte und qualifizierte Menschen fern. Ein unbegreiflicher Missstand.

Dabei ist es sicher keine einfache Aufgabe, den Bedarf an Lehrkräften über die Jahre hin zu steuern und zu stillen. Mitte der 1990er-Jahre wurden angehende Lehramtsstudenten gewarnt, dass die Mehrheit von ihnen nach dem Studium höchstwahrscheinlich auf der Straße säße, ja vermutlich nicht einmal eine Referendarstelle bekäme. Fünf Jahre später erhöhten manche Studienseminare dann sogar ihre Kapazität, damit mehr Referendare ausgebildet werden konnten. Und die meisten Referendare erhielten zwei Jahre später eine Planstelle. Wer das zweite Staatsexamen bestand, hatte eine Stelle so gut wie sicher. Lehrer/innen wurden dringend gebraucht, was der Staat aber fünf Jahre vorher nicht zu wissen schien.

Heute brauchen wir wieder dringend Lehrkräfte, was man seit Langem weiß. Sicherlich hat der Staat nur wenig Einfluss darauf, wer sich am Ende für den Lehrerberuf entscheidet und welche Fächer die angehenden Lehrkräfte studieren möchten. Aber er muss versuchen, die richtigen Anreize zu schaffen. Das scheint in den letzten Jahren kaum gelungen zu sein. Immer weniger Abiturienten entscheiden sich für ein Lehramtsstudium. Man kann es den jungen Menschen nicht verdenken. Einer der wenigen Berufe, mit dem sie wirklich ausgiebig Bekanntschaft gemacht haben, ist der des Lehrers. Und diese Erfahrung scheint sie zu Recht abzuschrecken.

Im Grunde ist es unverständlich, dass der Staat nicht in der Lage ist, frühzeitig die Weichen bezüglich des zukünftigen Bedarfs an Lehrkräften zu stellen. Schließlich weiß er ziemlich genau, wer wann in Pension gehen wird und an welchen Schulen welcher Bedarf an Fächern herrschen wird. Die Stundentafel und der Fächerkanon ändern sich seit Jahrzehnten kaum. Die Fluktuation zwischen den Bundesländern ist gering, da für einen Wechsel erhebliche Hürden zu überwinden sind. Die einzige Unwägbarkeit betrifft die zukünftige Schülerzahl, aber fünf Jahre im Voraus kennt man auch diese. Also sollte es möglich sein, für eine Situation, die man weitgehend kennt, eine Lösung zu finden. Aber es gelingt nicht. Und es gelingt vermutlich deshalb nicht, weil Schule ein Politikum ist und jede neue Regierung nach wenigen Jahren alle Veränderungen und Neuerungen wieder über den Haufen werfen kann. Außerdem hat Bildung in Deutschland allen politischen Beteuerungen zum Trotz keinen hohen Stellenwert. Die im Vergleich zu anderen westlichen Ländern bescheidenden Bildungsetats sprechen hier eine deutliche Sprache.

Da ist es nicht verwunderlich, dass der Beruf des Lehrers mittlerweile wenig attraktiv ist für junge Menschen. Dabei genießt man als Lehrkraft eine gewisse Freiheit. Man kann über einen Teil seiner Arbeitszeit frei verfügen. Wenn man seine Unterrichtsstunden in der Schule absolviert hat, steht es einem in der Regel frei, wie, wann und wo man den zweiten Teil seiner täglichen Arbeit erledigt.

In den Ferien nicht gezwungen zu sein, jeden Tag zur gleichen Zeit in der Schule zu erscheinen und noch freier über seine Arbeitszeit verfügen zu können, ist ein weiteres herausragendes Privileg des Lehrerberufs, wobei man dieses gerne abschaffen würde. Dagegen haben die über den Unterricht hinausgehenden Aufgaben der Lehrkräfte in den letzten Jahren stark zugenommen. Die Arbeit ist bürokratischer geworden, wodurch die Lehrer/innen sich immer weiter von ihrer eigentlichen Kernaufgabe entfernen – der Sorge um die ihnen anvertrauten Kinder.

Weder die Realität der unterrichtsfreien Zeit noch der Status als Beamter lassen den Lehrerberuf heute noch attraktiv erscheinen. In einer Zeit, in der wir von Vollbeschäftigung sprechen, lockt der Beamtenstatus kaum noch jemanden in diesen Beruf. Er dient auch weniger den Lehrkräften als der Politik und Kultusbürokratie. Er ist sozusagen das Beruhigungsmittel, mit dem die Lehrerschaft sediert wird und mit dem es gelingt, diese mit den Mängeln des Berufs zu versöhnen. Dabei ist der Beamtenstatus Segen und Fluch zugleich. Sicherlich ist es ein mehr als beruhigendes Gefühl zu wissen, dass man sein Leben lang nicht um den Job bangen muss. Andererseits kann er einen auch in diesem Beruf gefangen halten, selbst wenn man unzufrieden ist. Als angestellte Lehrkraft hingegen wird man zu schlecht bezahlt für das, was geboten wird. Und wer es ganz schlecht trifft, der wird nur als Aushilfe eingestellt und ist in den Sommerferien arbeitslos, um anschließend wieder eingestellt zu werden, weil er gebraucht wird.

Hat man sich dennoch für die Schule entschieden, stellt man irgendwann fest, wie sehr dieser Beruf einen auszehrt. Die Unruhe und der Lärmpegel zerren gewaltig an den Nerven. Diese extreme Unruhe hat ihre Ursache in dem falschen System Schule mit seinen Lernzellen, in denen die Schüler/innen 45 oder 90 Minuten auf harten Stühlen an kleinen Tischen still sitzen müssen und anschließend höchstens 25 Minuten Pause haben. Hinzu kommt der starre und stupide Aufbau des aufeinanderfolgenden Fachunterrichts ohne wirkliche Abwechslung, ohne Berücksichtigung der Interessen und Vorlieben, der Neugier und individuellen Lernwege der Schüler/innen.

Dabei wird schon im Referendariat genau darauf geachtet, jene zu befördern, die versprechen, das Althergebrachte zu bewahren und fortzuführen. Viele Kolleg/innen, mit denen ich mich im Laufe der Zeit unterhalten habe, berichten von ihrem Referendariat als eine fürchterliche Zeit. Sicherlich handelt es sich nur um meinen persönlichen Eindruck. Doch wenn Menschen derart über diese Ausbildungsphase sprechen, ist es für mich ein Indiz, dass schon sehr früh etwas in der Schule falsch läuft. Wer nach bestandenem Abitur und erfolgreich abgelegtem ersten Staatsexamen ins Referendariat eintritt, der wird sogleich auf den Zustand des Schülers zurückgestuft. Niemand erkennt die bis dahin erbrachte Leistung an. Es kann sogar vorkommen, dass die Fachkompetenz des Lehramtsanwärters in den von ihm studierten Fächern infrage gestellt wird. Dabei war es immerhin die Schule, die ihn mit dem Abiturzeugnis entlassen hat, das ihm den Zugang zur Universität eröffnete, die ihrerseits über die mangelnde Hochschulreife der Abiturienten klagt, ihnen dann doch etwas beibringt und sie nach abgelegter Prüfung mit einem Hochschulabschluss ausstattet, der sie berechtigt, ein Referendariat anzutreten. Und dann klagen die dortigen Ausbilder, dass es allen vorherigen Bildungsinstitutionen nicht gelungen sei, den angehenden Lehrern hinreichende Kompetenzen zu vermitteln. Dabei hätte die Schule, als Ausgangspunkt dieser

Misere, es selbst in der Hand, mit grundlegender Veränderung der schulischen Bildung den selbst verursachten Mangel zu beheben.

Das Referendariat in seiner heutigen Form wird benötigt, damit Schule und Unterricht auch in Zukunft so bleiben, wie sie seit Jahrzehnten sind: rückständig und wenig kindgerecht. Das Referendariat bildet nicht dafür aus, Unterricht und Schule dauerhaft zu modernisieren und einen schülergerechten Alltag zu gestalten, sondern um innerhalb des Rahmens, den das alte System vorgibt, das umfangreiche Fachwissen mit allerlei Methoden in die Schüler/innen hineinzustopfen. Wer wirklich etwas Neues will, dem werden solche Marotten während des zweijährigen Referendariats, spätestens aber mit Dienstantritt, schnell ausgetrieben.

Gewollt sind ausschließlich diejenigen, die in das System passen und dessen Fortbestand gewährleisten. Dafür müssen sie in der Lage sein, den Ausbildern einen idealen Unterricht vorzuführen, welcher der Schulwirklichkeit allerdings auf Dauer nicht standhalten kann, da er der Struktur der Schule nicht entspricht. Dieser Widerspruch ist durchaus gewollt, denn in Konkurrenz mit anderen Schulformen und angesichts der Kritik unterschiedlicher Wissenschaften sieht sich die staatliche Schule gezwungen, zumindest den Anschein zu erwecken, dass man sich um eine Modernisierung und die Aufnahme der wissenschaftlichen Erkenntnisse in den Schulalltag bemühe.

Hat man es schließlich durch zwei Jahre der Demütigung mit abschließendem Stresstest – der Prüfung – geschafft, ist die nächste Hürde nach dem Referendariat das Einstellungsverfahren. Man kann sich nämlich nicht einfach bei der Schule bewerben, an die man gerne möchte bzw. wenn man es tut, hilft es einem nicht. Wer sich um eine Stelle an einer Schule bewirbt, landet zunächst auf einer Liste, sortiert nach den Abschlussnoten. Von dieser Liste werden die neuen Lehrer/innen dann auf die Schulen verteilt. Wobei vonseiten der Schule streng darauf zu achten ist, die Rangfolge der Bewerber einzuhalten. Bewirbt sich eine Lehrkraft an einer Schule und die Schule findet, dass sie gut passen würde, kann sie nur hoffen, dass alle Kandidaten, die weiter oben auf der Liste stehen, kein Interesse haben, an dieser Schule anzufangen. Nur in diesem Fall hat der Kandidat eine Chance auf die Stelle. Selbstverständlich müssen Schulleiter zunächst alle Kandidaten zu einem Bewerbungsgespräch einladen. Wenn einer von ihnen, der auf der Liste höher steht, an diese Schule möchte, ist diesem Wunsch zu entsprechen und den bevorzugten Kandidaten muss man ziehen lassen.

Weder Schule noch Schulleitung können sich also aussuchen, wen sie einstellen möchten. Ebenso wenig kann die Lehrkraft immer entscheiden, an welche Schule sie kommt.

Hat man eine Planstelle erhalten, sitzt man im wahrsten Sinne des Wortes in einem goldenen Käfig. Denn es ist gar nicht so einfach, die Schule zu wechseln. Als Lehrkraft kann man sich nicht so einfach an einer anderen Schule bewerben und bei gegenseitigem Gefallen wechseln. Es gibt nur zwei Wege: Man stellt einen Versetzungsantrag oder man bewirbt sich auf eine Funktionsstelle, zum Beispiel als Konrektor, als Koordinator für einen Fachbereich oder als stellvertretende Schulleiterin. Bei einem Versetzungsantrag kann es passieren, dass man sehr lange wartet, denn die Schulleitung hat die Möglichkeit, den Antrag wiederholt abzulehnen, wenn schulische Gründe gegen eine Versetzung sprechen. Jede Schulleitung ist ohne Weiteres in der Lage, derartige Gründe zu finden. Stimmt die Schule einer Versetzung zu, wird auch noch eine aufnehmende Schule an dem Ort benötigt, an den der Antragsteller möchte. Das kann sich unter Umständen als sehr schwierig erweisen. Wechsel in ein anderes Bundesland sind noch schwieriger.

Bewirbt sich eine Lehrkraft auf eine Funktionsstelle, muss eine solche natürlich an einer Schule in der bevorzugten Region ausgeschrieben sein. Da es diese Stellen nicht allzu häufig gibt, ist auch das ein durchaus schwieriges Unterfangen.

Mit einer einfachen Bewerbung und einem Bewerbungsgespräch ist es jedoch in den meisten Bundesländern nicht getan. Wer für eine Funktionsstelle in Betracht kommen möchte, muss durch ein entwürdigendes und an der bis dahin erbrachten Leistung wenig interessiertes Verfahren gehen. Allen wichtigen Personen der Schulbehörde muss er zeigen, dass er unterrichten kann. Auch dann, wenn er bereits 20 Jahre Unterricht hinter sich hat und die zukünftige Tätigkeit mit erfolgreichem Unterricht weniger zu tun hat. Selbst wenn man bereits etliche Jahre Erfahrung in einer Schulleitungstätigkeit hat und sich dort auch bewährte, ist ein solches Verfahren obligatorisch. Eine solche Beurteilung darf nicht älter als zwei Jahre sein, wobei eine Beurteilung für eine Funktionstätigkeit keine Gültigkeit für die Bewerbung für eine andere Funktionstätigkeit hat, auch wenn das Verfahren für beide völlig identisch ist. Ein solches Vorgehen ist entwürdigend und erkennt schlicht bisher erbrachte Leistung nicht an.

Das gesamte Verfahren soll der Auswahl einen juristisch einwandfreien Anstrich geben und es den unterschiedlichen Bewerbern erschweren, Rechtsmittel gegen eine Entscheidung einzulegen. Daneben ermöglicht es der Behörde und den dort zuständigen Dezernenten, zusammen mit den betroffenen Schulleitungen, ihre Wunschkandidaten auf die entsprechenden Stellen zu setzen, ohne juristisch belangt zu werden.

Ich selbst habe dieses Auswahlverfahren am eigenen Leib erfahren. Als ich aus dem hessischen Schuldienst in den niedersächsischen wechseln wollte, bewarb ich mich auf diverse Funktionsstellen an Gymnasien. Weil ich bis dahin weitgehend an einer kooperativen Gesamtschule unterrichtet hatte, spürte ich sofort die grundsätzliche Abneigung der Schulleitungen vor Ort, aber auch der zuständigen Dezernentin. Ich hatte mich auf drei Stellen in einem bestimmten Landkreis beworben, für die es noch drei weitere Bewerber gab, wobei nicht jeder sich auf jede der Stellen beworben hatte. Es wurde sehr schnell deutlich, welchen der drei Kandidaten man auf welcher Stelle haben wollte. Die gewünschten Profile waren klar an die Person angepasst, und mir wurde signalisiert, dass ich kaum Aussicht hätte, genommen zu werden, und ein Bewerbungsgespräch daher sinnlos sei. Würde ich meine Bewerbung aber zurückziehen, fände sich keine Ablehnung in meiner Personalakte wieder, sprich: sie bliebe sauber. Die drei Stellen wurden dann mit den Kandidaten besetzt, die von vornherein feststanden.

Ist es schon schwierig, innerhalb eines Bundeslandes oder innerhalb Deutschlands zu wechseln, so türmen sich vor dem Wechsel an eine deutsche Auslandsschule weitere Schwierigkeiten auf. Ich selbst hatte, nachdem ich früh eine Schulleitungsfunktion übernommen hatte, keine Chance, an eine deutsche Auslandsschule zu wechseln. Das wusste ich nur nicht, bis ich mich Jahre später auf eine Schulleitungsstelle an einer solchen Schule bewarb. Erst dann erfuhr ich in einem inoffiziellen Vorgespräch, dass meine Chancen gegen null tendierten, und zwar, weil ich keine Auslandserfahrung hätte. Die müsste ich erst über die Tätigkeit als normale Lehrkraft erwerben. Als Schulleitungsmitglied habe ich allerdings keine Berechtigung, mich auf eine normale Lehrerstelle an einer Auslandsschule zu bewerben.

Als Schulleiter kann ich mich nur auf Stellen für Funktionsstelleninhaber bewerben und auf diese Weise Auslandserfahrung sammeln. Um eine solche Stelle zu bekommen, muss ich aber schon über diese Erfahrung verfügen, die jedoch in der Stellenausschreibung nicht zwingend verlangt wird. Ob ich für die gewünschte Stelle qualifiziert war, spielte keine Rolle. Auch nicht, ob ich gut Englisch sprach. Ich hatte es versäumt, als Lehrer ins Ausland zu gehen, und durfte folglich auch als Schulleiter nicht gehen.

Schule ist alles andere als der Wohlfühl-Arbeitsplatz, den manche sich darunter vorstellen. Alle schulischen Tätigkeiten sind unflexibel, unmodern und derart durchbürokratisiert, dass jegliche Veränderungen und Notwendigkeiten hinter dieser Bürokratie zurückstehen müssen. Weder können Schulen sich die Kandidaten aussuchen, die sie gerne hätten und brauchen, noch können Kandidaten flexibel auf persönliche Veränderungen reagieren. Bei der Auswahl des Führungspersonals geht es selten darum, die am besten Qualifizierten zu bekommen. Auf diese Weise hält sich das System selbst am Laufen, mit der für die Kinder und Jugendlichen negativen Konsequenz, dass die Schule sich nicht an gesellschaftliche Veränderungen oder wissenschaftliche Neuerungen anpasst. Keine der jüngsten Erkenntnisse der Hirnforschung und der Entwicklungspsychologie findet in ihrer ganzen Konsequenz Eingang in die Schule, denn eine Änderung des Systems Schule ist nicht gewollt. Zu viele ziehen ihren persönlichen Nutzen aus dem Istzustand. Deutliche Veränderungen stören da nur.

Wenn aber ein System derart starr ist und Erkenntnisse, die dem Wohl unserer Kinder dienen können, einfach ignoriert werden und damit ein notwendiger Wandel verhindert wird, dann brauchen wir ein solches System nicht. Und was wir nicht brauchen, können wir getrost abschaffen.

UNTERRICHT – DA KANN MAN NUR WEGLAUFEN

Wir leben im 21. Jahrhundert. Die Fortschritte und Innovationen im Technologiesektor sind atemberaubend. Die Entwicklung der künstlichen Intelligenz schreitet unaufhaltsam voran. Autos können nicht nur erfolgreich selbstständig einparken, in Zukunft sollen sie gänzlich autonom fahren. *Augmented Reality* erweitert unsere eigene Wirklichkeit, nachdem wir alle weitgehend schon in der virtuellen Realität, die ein fester Bestandteil unseres Lebens geworden ist, unterwegs sind. Unternehmen aus dem kalifornischen Silicon Valley haben mit ihren Produkten nicht nur den Arbeitsalltag verändert, sondern auch die Art und Weise, wie ihre Mitarbeiter/innen arbeiten. Sie haben die Arbeitsumgebung völlig neu gestaltet und Arbeiten zu einer anderen Art des Erlebens gemacht – weg von stupiden Büros und schlechter Kantine hin zu unterschiedlichen Orten, an denen man seine Arbeit erledigen kann, und zu Orten des Zusammentreffens. Essen steht vielen Mitarbeitern kostenlos zur Verfügung.

Die Errungenschaften der modernen Technik, wie etwa Smartphone, Laptop oder die sozialen Medien, sind ein fester Bestandteil des Lebens unserer Kinder, ob es uns gefällt oder nicht. Das Internet bietet nicht nur Gefahren, sondern auch immense Chancen, Chancen, die man auch für den Unterricht und für das Lernen nutzen kann und muss. Wie sehr wir auch versuchen, an der Vergangenheit festzuhalten und den Fortschritt aufzuhalten, es wird uns auf Dauer nicht gelingen. Entweder halten wird Schritt, oder wir werden abgehängt. Leider ist die Zeit an den Schulen und im Schulunterricht seit Jahrzehnten stehen geblieben, oder zumindest verrinnt sie dort wesentlich langsamer als woanders.

Wenn ich an meinen eigenen Unterricht als Schüler denke und ihn mit dem Unterricht vergleiche, wie ich ihn heute an Schulen sehe, so kann ich kaum wesentliche Veränderungen feststellen. Und das, obwohl meine eigene Schulzeit 30 Jahre zurückliegt, 30 Jahre, in denen außerhalb der Schule eine Menge geschehen ist.

An der Schule, an der ich Abitur gemacht habe, gab es zwei Computerräume. An heutigen Schulen gibt es auch nicht viel mehr. Womöglich kommen zu den wenigen Computerräumen noch zwei bis drei Laptopwagen hinzu, also rollende Einheiten mit Laptops in Klassenstärke, die man sich beim technischen Assistenten – sofern die Schule über einen solchen verfügt – oder beim Hausmeister abholen kann. Drei Computerräume und drei Laptopwagen bedeuten, dass beim gängigen Doppelstundenmodell in der Doppelstunde sechs Klassen, täglich folglich 18 Klassen am Computer arbeiten können. Bei mehr als 40 Klassen an einer Schule hat mehr als die Hälfte an einem Unterrichtstag keinen Zugang zu Computern und kann diese nicht für den Unterricht nutzen. In einer Zeit, in der Computer zu einem festen Bestandteil unserer Arbeit und unseres privaten Lebens geworden sind, kann jede Klasse theoretisch etwa zweimal in der Woche 90 Minuten an Computern arbeiten, was in der Praxis allerdings anders aussieht. An den Schulen muss eine Lehrkraft, will sie mit ihrer

Klasse am Computer arbeiten, diesen Einsatz frühzeitig planen, weil sie mit den anderen Klassen der Schule um die wenigen freien Plätze konkurriert. Spontan in den Computerraum zu gehen oder sich einen Laptopwagen zu holen, ist so gut wie unmöglich und wird noch dadurch erschwert, dass die Technik nicht immer zu 100 Prozent einsatzbereit ist. Einfache Arbeitsaufträge, beispielsweise ein spontaner Rechercheauftrag, der sich gerade im Unterricht ergeben hat und auf reges Interesse stößt, können zu einer immensen Herausforderung werden und scheitern oft an der vorhandenen Infrastruktur. Das gemeinsame Arbeiten von Schüler/innen an einem Referat oder Ähnlichem, für das sie einen Computer benötigen, ist so gut wie nicht möglich. Für solche schulischen Verhältnisse haben die Schüler/innen verständlicherweise wenig Verständnis. Noch weniger für das Verbot, ihre eigenen Geräte mitzubringen.

Nur mutige Lehrkräfte erlauben den Schüler/innen in solchen Fällen die Nutzung ihrer persönlichen Smartphones, denn allzu oft geraten sie damit in Konflikt mit der hauseigenen Schulpolitik, mit rechtlichen Fragen der Nutzung privater Technik im Unterricht, mit Kolleg/innen, die den Einsatz dieser Technik schädlich finden usw. Anstatt den großen Vorteil dieser kleinen, leistungsstarken Computer für Schule und Bildung zu sehen, sehen sie meist nur die Gefahren. Und anstatt konstruktive Lösungen zu finden, verbieten wir die Nutzung lieber gänzlich.

Ich las kürzlich in einer großen deutschen Tageszeitung über das Bestreben von Schulen, die Nutzung des Handys während der Schulzeit gänzlich zu verbieten. Eine heutzutage wirklich abstruse Idee, die nicht nur zeigt, wie rückständig deutsche Schulen sind, sondern auch, wie rückständig manche Schulgestalter denken. Der Zukunftsfähigkeit unserer Kinder tun sie damit keinen Gefallen.

Die neue europäische Datenschutzrichtlinie verschärft im Übrigen die Situation noch und sorgt dafür, dass sie keine vernünftigen und umsetzbaren Rahmenbedingungen für die Schulen schafft, sondern die Nutzung von Medien stark reglementiert, was vielerorts dazu führt, den Umgang damit erheblich einzuschränken. Unter dieser Voraussetzung bleibt die Schule noch länger hinter der allgemeinen Entwicklung zurück.

Bei der Internetrecherche auf den eigenen Smartphones stoßen die Schüler/innen nicht selten auf weitere Hürden, die ihnen das Arbeiten, Lernen und Vorankommen erschweren. Da sind Seiten blockiert, die relevante Information anbieten, sogar solche, die völlig harmlos sind, wie etwa manche Tageszeitung. Oft lassen die schulischen Systemadministratoren nur Seiten auf einer sogenannten Whitelist zu, was die Möglichkeiten der Schüler/innen und des Unterrichts sehr stark einschränkt. Dass man die benötigten Seiten freischalten lassen kann, ist zwar grundsätzlich richtig, doch oft weiß man im Vorfeld nicht, welche Seiten man benötigt, gerade wenn man spontan recherchieren möchte. Den Umgang mit der Fülle des Internets und seine sinnvolle Nutzung kann man auf diese Weise den Schüler/innen nicht beibringen.

Das heißt im Endeffekt, dass man möglicherweise wichtige Seiten erst nach erheblichem bürokratischen Aufwand freibekommt, oft erst, wenn die Angelegenheit sich längst erledigt hat. Denn man kann nicht davon ausgehen, dass die für die Administration zuständige Person, meist eine Lehrkraft mit anderweitigen Aufgaben, sofort zur Tat schreitet, wenn man um eine Freischaltung bittet. Während des Unterrichts funktioniert das so gut wie gar nicht. Wenn man Glück hat, noch in derselben Woche. Hat man dann die Freischaltung erreicht oder genug Computer zur Verfügung, kann es durchaus sein, dass die WLAN-Verbindung derart schwächelt, dass das Öffnen einer Seite eine Ewigkeit dauert. Der freudigen Arbeit zuträglich ist das nicht. Und kreative Spontanität wird auf diese Weise erstickt.

Natürlich gibt es inzwischen so etwas wie Laptop-Klassen, doch flächendeckend etabliert hat sich dieses Modell an unseren Schulen noch nicht. Oft scheitert ein solches Projekt an den vielen Skeptikern in der Schule, an den Kosten, dem Versicherungsschutz und der Gerechtigkeit – nicht alle Klassen können auf einen Schlag Laptop-Klassen werden – sowie an tausend anderen Gründen.

Gibt es keine Laptop-Klassen, ist es schwierig, eine Einigung darüber zu erzielen, dass Schüler/innen ihre eigenen Geräte im Unterricht nutzen können. Ganz oben auf der Liste der Probleme steht auch hier die Frage des Versicherungsschutzes. Allerdings bevorzugen viele Kolleg/innen nach wie vor die Arbeit mit Papier und Buch. Dass wir Griffel und Schiefertafel überwunden haben, scheint da wie ein

Wunder. Dass man sich derart auf die althergebrachten Materialien versteift, verwundert. Schüler/innen und Eltern, aber auch viele Lehrkräfte beschweren sich zu Recht darüber, dass unsere Kinder jeden Tag so schwer an Schulmaterial zu schleppen haben. Gerade die Grundschüler/innen werden mit Materialien verschiedenster Art überladen. Dabei lässt sich über die Sinnhaftigkeit vieler dieser Materialien wahrlich streiten. Mittlerweile müssen wird manche Dinge schon doppelt besorgen.

Aber auch in den weiterführenden Schulen nimmt das Material ständig zu. Neben Büchern werden oft mehrere Hefte für ein Fach benötigt, dazu Arbeitsbücher, Grammatikbüchlein, Formelsammlung, Lektüre und so fort. Und dennoch muss dann auch noch zusätzlich Kopiergeld bezahlen, weil das Angeschaffte immer noch nicht reicht.

Während man sich also auf der einen Seite über das viele Material und die Schwere der Schulranzen beschwert, unternimmt man auf der anderen Seite absolut nichts, um dieses körperlich belastende Problem zu lösen, indem man auf die digitalen Angebote der Schulbuchverlage zurückgreift. Finanzierbar wäre das durchaus, denn man könnte gleichzeitig an den herkömmlichen Schulbüchern sparen. Doch Schulen feiern es heute schon als große Errungenschaft, wenn ein halbes Dutzend Klassenräume mit Smartboards ausgestattet werden. Sechs Räume mit diesen intelligenten Computertafeln bedeuten, dass immer noch weit über 30 Klassen ohne eine solche auskommen und Unterricht wie ihre Eltern ertragen müssen. Viele Schulen können sich sogar noch im 21. Jahrhundert glücklich schätzen, wenn sie über einen funktionierenden Overheadprojektor verfügen. Zeitgemäß ist das sicherlich nicht.

Ist es bereits um die technische Infrastruktur an Schulen nicht besonders gut bestellt, so kann selbst die Nutzung des Vorhandenen zu einer echten Herausforderung werden.

Ab und an kommt es vor, dass man spontan in einen Computerraum gehen möchte und dieser tatsächlich frei ist. Der Preis für diese Spontanität ist allerdings wertvolle Unterrichtszeit, die für das Zusammenpacken benötigter Materialien, für das Wandern zum Computerraum, das Abschließen des Klassenraumes und das gerechte Verteilen im Computerraum verloren geht. Hat man das erfolgreich gemeistert, benötigt man dann noch die Zeit, das System zu starten und einsatzbereit zu machen. Der gleiche Ablauf muss am Ende wieder in die andere Richtung erfolgen und während der Unterrichtszeit stattfinden, denn man muss ja vor Beginn der Pause wieder im Klassenraum sein, damit die Schüler/innen ihre verdiente Pause auch vollständig ausnutzen können.

Noch schlimmer wird es, wenn man einen der wenigen Laptops samt Beamer für Lehrkräfte mit in den Klassensaal nehmen möchte, weil man selbst an diesem etwas demonstrieren möchte. Bis das System vollständig einsatzbereit ist, vergehen viele wertvolle Minuten, die leider auch vom Unterricht abgeknapst werden müssen, obwohl man bereits die ganze Pause für die Vorbereitung geopfert hat. Da alle Räume nicht standardisiert sind (warum eigentlich, wo doch das deutsche Schulsystem auf Standardisierung abzielt?) und man auch nicht erwarten kann, dass eine Lehrkraft jeden Raum aufs Genaueste kennt, kann es vorkommen, dass das Verlängerungskabel zu kurz ist oder keines zur Verfügung steht, ebenso kein ausreichend langes LAN-Kabel in der Schule zu erhalten ist, auf das Sie als Lehrkraft ausweichen mussten, weil gerade in dem Bereich, in dem Sie an diesem Tag unterrichten, die WLAN-Router ausgefallen sind. Sie machen sich dann auf die Suche nach einem (besseren) Verlängerungskabel oder nach einem alternativen Klassenraum. Alles kostet Zeit, die man hätte besser nutzen können. Am Ende muss man womöglich auf den Einsatz verzichten, weil sich das Problem an diesem Tag nicht lösen lässt, und man kehrt zu seinem konventionellen Unterricht mit Buch und Block zurück. Den Imageschaden, der der Schule dabei entsteht, sollte man nicht unterschätzen. Diese Widrigkeiten im Umgang mit neuen Medien im Unterricht sind für moderne Schulen untragbar. Bei derart schlechter Ausstattung und derart großen Herausforderungen kann es kaum verwundern, wenn Kolleg/innen vor ihrem Einsatz zurückschrecken. Aber es darf einfach nicht sein, dass der Einsatz eines oder mehrerer Computer im Unterricht derart schwierig und zeitaufwendig ist.

Wenn Schule technisch schon nicht im 21. Jahrhundert angekommen ist, so könnte man annehmen, dass zumindest der Unterricht sich stark von dem der Vergangenheit unterscheidet. Doch leider sind die Unterschiede marginal. Da der Einsatz von Technik schwierig ist, greifen viele Lehrkräfte nach wie vor auf Buch und Papier zurück. Die Kinder und Jugendlichen werden immer noch nach Alter in Klassen eingeteilt und zum Zwecke des Unterrichtens in kleine Räume eingepfercht, in denen sie dann, auf unbequemen Stühlen vor kleinen Tischen sitzend, stundenlang belehrt werden. Natürlich variiert die Aufstellung der Tische, aber nur im Rahmen dessen, was Raumgröße und Schülerzahl zulassen. Gruppentische bieten die Möglichkeit, dass Schüler/innen gut zusammenarbeiten können, erschweren ihnen aber den Blick an die Tafel, denn sie sitzen so nicht frontal zu ihr. Dies ist für die Körperhaltung der Schüler/innen nicht sehr förderlich. Die altmodischen Sitzreihen hingegen erleichtern zwar das Abschreiben von der Tafel, erschweren aber die Kommunikation unter den Schüler/innen.

Sicherlich gibt es viele Möglichkeiten, Schüler/innen im Unterricht miteinander ins Gespräch zu bringen. Ob man diese auch wirklich nutzt, steht auf einem anderen Blatt, und ob man mit diesen dann auch im Sinne der Erfordernisse des Lehrplans erfolgreiches Lernen ermöglicht, auf einem weiteren. Sicher ist jedoch, dass die meisten Methoden von der Lehrkraft initiiert werden und selten auf Entscheidungen der Schüler/innen zurückgehen, die nur selten die Möglichkeit haben, sich alternative Methode auszusuchen, wenn ihnen die von der Lehrkraft gewünschte nicht behagt. Es gibt viele Möglichkeiten, sich Wissen anzueignen und zu lernen. Nicht jede Methode ist bei jedem Kind Erfolg versprechend. Doch obwohl wir wissen, dass es unter Schüler/innen ganz unterschiedliche Lerntypen gibt, obwohl wir über

Kenntnisse aus der Entwicklungspsychologie und der Hirnforschung verfügen, individualisieren wir das Lernen im Unterricht nicht entsprechend der Notwendigkeit, sondern halten weitgehend am althergebrachten lehrerzentrierten Unterricht fest.

Einige Schulen in Deutschland haben sich dem starren System veralteter Schulmodelle seit Längerem entzogen und beschreiten erfolgreich andere Wege. Die Mehrzahl der Lehrkräfte ergibt sich jedoch den Restriktionen von Schulpolitik und Erlassen. Diese Lehrer/innen reduzieren ihre Arbeit auf das Erreichen eines bestimmten Pensums innerhalb des Schuljahrs und hetzen deswegen jede Schülerin und jeden Schüler hindurch. Innerhalb der von der Schulpolitik und durch Erlasse geforderten Standardisierung und Normierung nutzen sie vorhandene Freiräume zur Unterrichtsgestaltung kaum. Unterstützt von der Schulbürokratie, verstehen diese Lehrkräfte sich noch zu sehr als zentrale, steuernde Elemente, die Unterrichtsinhalte vorgeben, Methoden auswählen und alle Schüler/innen zur gleichen Zeit gleich erfolgreich für ein Fach und einen Lerngegenstand motivieren. Sie sehen sich weniger oder gar nicht in der Rolle derjenigen, die mit ihrer Lernerfahrung und ihrem Expertenwissen die Schüler/innen auf deren eigenem Weg beim Lernen unterstützen, statt lediglich Wissen abzufragen.

Diesen Umständen ist auch die Realität in der Schule geschuldet, wo die Schüler/innen im Unterricht immer noch mit langweiligen und trockenen Schulbüchern oder alternativ mit Arbeitsblättern versorgt werden. Viele dieser Materialien vermitteln den Schüler/innen nicht nur viel Unnötiges, sie tun es inhaltlich oft auch so, dass kaum Interesse und Freude am Lernen und am Thema aufkommen können. Wer etwa im Geschichtsunterricht nur Daten auswendig lernen muss, historische Inhalte aber nie aus verschiedenen Blickwinkeln betrachtet und kontrovers diskutiert, auch mal hypothetische Fragen stellt und utopisch darüber nachdenkt, dabei ohne Konsequenzen Fehler machen darf, der wird das Fach zwangsweise als langweilig und trocken empfinden und nie eine Leidenschaft dafür entwickeln.

Im Unterricht bearbeiten alle gemeinsam den gleichen Lerngegenstand im Buch oder auf Arbeitsblättern, notieren etwas dazu, das hoffentlich richtig ist, geben bei Abfragen das Richtige wieder und werden korrigiert, wenn sie etwas Falsches sagen, stets mit der Angst im Nacken, schlecht bewertet zu werden. Ergebnisse werden an der Tafel oder der Overheadfolie notiert und von den Schüler/innen abgeschrieben. So haben Schüler/innen, aber vor allem die Lehrkräfte am ehesten das Gefühl, dass etwas gelernt wurde. Mit Unsicherheiten kann man in der Schule nämlich nicht umgehen. Ein offenes Ergebnis, das mehrere mögliche Lösungen bietet oder gar eine Hypothese im Raum stehen lässt, ist von Schülerseite nicht gewollt und weckt bei mancher Lehrkraft die Unsicherheit, wie so etwas in der nächsten Arbeit abgefragt werden soll.

Wer stringent lehrerzentriert unterrichtet, kann mit größerer Wahrscheinlichkeit davon ausgehen, den vorgegebenen Stoff am Ende auch geschafft zu haben. Immerhin gibt in diesem Fall die Lehrkraft das Tempo vor und nicht die Klasse. Die Lehrkraft kann sich sicher sein, dass alle in der Klasse die gleichen Inhalte erledigt haben. So wie Schule heute organisiert ist – von den Lehrplänen über die Klassen- und Fächereinteilung bis hin zum Abschluss –, bleibt für individualisiertes Lernen und für die so viel beschworene Binnendifferenzierung kein Raum. In der Schule sind nicht die Schüler/innen die zentralen Akteure, sondern die Lehrkräfte. Daher ist die Schule auch kein Ort des Lernens, sondern des Lehrens.

Die herausragende Stellung der Lehrkraft wird bereits den Referendar/innen vermittelt. Ich möchte dies an einem Beispiel aus meiner eigenen Zeit als Referendar darstellen. Aber auch in Unterrichtsbesuchen, an denen ich als Schulleiter teilnahm, sah ich Ähnliches.

Ich unterrichtete damals unter Anleitung des Fachlehrers einen Leistungskurs Geschichte. Mein Ausbilder schärfte seinen Referendaren immer wieder ein, erfolgreicher Unterricht bedeute auch, dass die Lehrkraft sich weitgehend aus dem Unterrichtsgeschehen zurücknehme und nur gelegentlich leicht steuernd eingreife. Ansonsten sollten die Schüler/innen den Unterricht selbstständig voranbringen. Am besten wäre es, wenn sich die Lehrkraft weitgehend überflüssig mache. Die Praxis stellte er sich dann aber doch anders vor.

Während eines Unterrichtsbesuchs gelang es mir, dank eines herausragenden Kurses, seine Ratschläge zu beherzigen und mich weitgehend aus dem Unterricht herauszunehmen. Mithilfe weniger Impulse erreichte der Kurs die formulierten Lernziele alleine. Der Seminarleiter allerdings honorierte die gelungene Umsetzung dessen, was er für guten Unterricht hielt, in keiner Weise. Stattdessen beanstandete er, ich sei im Unterricht zu wenig präsent gewesen. Außerdem hätten die Vorhänge den Raum die ganze Zeit leicht verdunkelt, was für ihn angeblich sehr unangenehm gewesen war. Die Verdunkelung war allerdings notwendig gewesen, da wir mit Computer und Beamer (2001 keine Selbstverständlichkeit) gearbeitet hatten.

Wenn Anspruch und Wirklichkeit derart auseinanderklaffen, passen die Referendar/innen sich am Ende der Realität an, denn diese entscheidet über ihre Note. Ferner bleibt fraglich, ob eine Selbstständigkeit der Schüler/innen tatsächlich gewollt oder ob sie nicht nur vorgeschoben und der öffentlichen Kritik geschuldet ist. Individualisierende Methoden, welche die Lehrkraft weitgehend überflüssig machen, können auf diese Weise keinen Eingang in den Unterricht finden. Vor diesem Hintergrund war es ein Segen für alle Lehrkräfte, insbesondere der gymnasialen, dass John Hattie die Bedeutung der Lehrkraft wieder in den Vordergrund schob.

Individualisiertes Lernen wird auch durch die Rahmenbedingungen, die Schule setzt, zusätzlich erschwert. Unterricht findet nach wie vor in 45-Minuten-Einheiten statt, die man vielerorts zu 90-Minuten-Einheiten zusammengefasst hat. Schlimmer aber ist, dass sich der Aufbau des Unterrichts in keiner Weise verändert hat. Man sieht absolut keinen Unterschied zwischen einer 45-Minuten-Stunde und einer 90-Minuten-Stunde, die ja auch nur aus zwei 45-Minuten-Einheiten besteht. Zum Beispiel hält man allzu oft weiter an einer starken Lehrerzentrierung fest, anstatt den größeren Zeitrahmen für eine deutlichere Aktivierung der Eigenständigkeit der Schüler/innen zu nutzen. Oft erweitert man die Zeit der einzelnen Unterrichtsphasen lediglich, obwohl aktivierende und motivierende Phasenwechsel in einer 90-Minuten-Stunde noch wichtiger sind als in einer 45-Minuten-Stunde. Es kommt sogar vor, dass der Lerninhalt für 45 Minuten einfach auf 90 Minuten ausgedehnt wird.

In den letzten Jahren wurde viel über eine veränderte Rhythmisierung in der Schule gesprochen, gerade im Hinblick auf die Einführung von Ganztagsangeboten. Dabei wurde jedoch nie darüber nachgedacht, den Rhythmus von Schule wirklich von Grund auf zu verändern. An meiner Schule wurde die Unterrichtsstunde immerhin dahingehend verändert, dass eine Doppelstunde nur noch 80 Minuten umfasst, sodass 30 Minuten am Tag für eigenverantwortliches Lernen zur Verfügung gestellt werden konnten. In dieser Zeit sollen die Schüler/innen selbstständiges Lernen üben und die Möglichkeit haben, nach eigenem Ermessen zu entscheiden. Die Veränderung war nicht weltbewegend, aber ein kleiner Fortschritt. Es gelang sogar, die neu aufgebaute Oberstufe erfolgreich in diesen Tagesrhythmus zu integrieren.

Nach Jahren erfolgreicher Abiturabnahmen und trotz erfolgter Genehmigung durch das Ministerium kam man dort schließlich auf den Gedanken, unser Rhythmus könne womöglich in Konflikt mit der Stundentafel stehen. Ohne Weisung entschied in vorauseilendem Gehorsam der neue Gesamtschulleiter, dass die Oberstufe zum 90-Minuten-Modell zurückzukehren hatte. Eine enttäuschende Entwicklung, die zeigt, wie sehr Bürokratie und Schulleitung auch die kleinste Innovation zunichtemachen können.

Dabei wäre es mehr als notwendig, den Unterricht auch zeitlich freier zu gestalten. Zwar wird immer wieder davon gesprochen, die Wünsche der Schüler/innen in die Unterrichtsplanung miteinzubeziehen, doch wir schaffen nicht die notwendigen Voraussetzungen dafür. In unserem aktuellen Schulmodell und unter den Bedingungen des momentanen Unterrichts kann man Schüler/innen entscheiden lassen, welche Lektüre sie lesen oder mit welchem der vier Themen des Schuljahres sie gerne anfangen möchten. Man kann sie auch in methodische Entscheidungen miteinbeziehen. Worüber die Schüler/innen jedoch nicht entscheiden können, ist die zeitliche Gewichtung der einzelnen Fächer an einem Schultag oder innerhalb der Schulwoche. Sie können auch nicht beschließen, zwei Monate auf das Fach Erdkunde zu verzichten, weil sie sich im Fach Politik gerade mit etwas äußerst Interessantem beschäftigen, auf das sie in den nächsten Wochen ihren Schwerpunkt legen möchten.

Ein Schüler, der am Mittwoch in der ersten Stunde keine Lust auf Biologie hat, weil ihn noch das Physikproblem vom Vortag beschäftigt, an dem er gerne weiterarbeiten möchte, darf dies nicht. Er muss seine Aufmerksamkeit auf Biologie richten und das Physikproblem eine Woche lang hintanstellen. Pädagogisch und lernpsychologisch sinnvoll ist das kaum.

Dabei fällt es uns allen schwer, uns auf etwas weniger Wichtiges zu konzentrieren, wenn wir gerade an einer Sache arbeiten, die uns brennend interessiert. Vor allem, wenn wir wissen, dass wir Ersteres auch nach Fertigstellung der laufenden Aufgabe erledigen könnten. Sowohl die Motivation als auch die Effektivität der Arbeit leiden darunter. Doch von unseren Kindern und Jugendlichen erwarten wir, sich zu jedem Zeitpunkt mit einem Fach oder Thema zu beschäftigen, sich dafür zu interessieren und höchste Anstrengung zu zeigen. Dass es für eine Lehrkraft schwierig ist, unter diesen Bedingungen Schüler/innen ausreichend zu motivieren, liegt auf der Hand. Dennoch sind wir nicht bereit, Unterricht neu zu rhythmisieren und die Gestaltung des Lernens verstärkt den Schüler/innen zu überlassen. Lieber klammern wir uns an ein veraltetes und wenig hilfreiches Modell, nach dem Motto »So war es schon immer, so machen wir weiter«. Ob wir unsere Kinder damit zukunftsfähig machen, kann guten Gewissens bezweifelt werden.

Denn nach wie vor findet Unterricht weitgehend lehrerzentriert statt, arbeiten Schüler/innen, von der Lehrkraft gesteuert, in Einzel-, Partner- oder Gruppenarbeit an und mit Büchern, erledigen stupide Hunderte der gleichen Aufgaben in der Schule und zu Hause, lernen weniger, selbstständig zu denken und Fragen zu stellen, als sich prüfbaren Stoff anzueignen und zu gegebener Zeit auszuspucken. Es wird sich gemeldet und gewartet, bis man drankommt. Dann spricht man mit dem Lehrer, nicht mit den Mitschüler/innen, in der Hoffnung, eine gute Note zu bekommen.

Die Angst davor, für eine falsche Aussage eine schlechte Note zu bekommen, sitzt bei Schüler/innen so tief, dass sie jede Wortmeldung genau abwägen und lieber den Mund halten, bevor sie etwas eventuell Falsches sagen. Viele wertvolle Beiträge gehen dem Unterricht dadurch verloren. Viele Lern- und Denkprozesse werden durch diese Angst vor Fehlern und deren Konsequenzen erstickt. Anstatt die Wissbegierde und das freie Denken mit all seinen Fehlern zu fördern, hemmen wir die Schüler/innen, indem wir ihnen Angst vor schlechter Beurteilung machen. Wirklich erfolgreiches und nachhaltiges Lernen ist auf diese Weise nicht möglich. Freies Denken neuer Gedanken auch nicht. Das Einzige, was Schüler/innen auf diese Weise lernen, ist, zu denken wie die Lehrerin oder der Lehrer, wie die Schule und das System.

Dabei wäre es für Schulen durchaus möglich, innovativer zu sein. Einzelne Schulen gehen diesen Weg bereits. Ich fordere diese gute Bildung für alle unsere Kinder und nicht nur für die wenigen Privilegierten.

Interessant ist allerdings, dass die Mittel, die für Modellschulen, also Schulen, die etwas Neues probieren möchten, zur Verfügung stehen, kaum abgerufen werden. Was bedeutet, dass Schulen offenbar nur selten bereit sind, neue und bessere Pfade zu beschreiten. Denn leider sind nicht nur die

Bürokratie, sondern oft auch die Schulleitung und so manches Kollegium innovationsfeindlich, wie ich selbst erlebt habe.

Im Jahr 2009 wechselte ich an eine kooperative Gesamtschule, in der ich eine Oberstufe aufbauen sollte. Problematisch war, dass die Einrichtung dieser Oberstufe, zum Leidwesen vieler Schüler/innen und Lehrkräfte, Einfluss auf die pädagogischen Konzepte der im Hause befindlichen Realschule und Hauptschule hatte. Um die Oberstufe in das Gesamtkonzept der Schule einpassen zu können, musste viel pädagogisch Sinnvolles rückgängig gemacht oder stark verändert werden oder wurde erst gar nicht umgesetzt.

Als kooperative Gesamtschule waren wir immer wieder bemüht, im Bereich der Schulentwicklung innovativ zu sein, obwohl die niedersächsische Schulpolitik des vorausgegangenen Jahrzehnts und mangelnde eigene Entschlossenheit uns auf diesem Weg zurückgeworfen hatte. Nach der erfolgreichen Einführung der Oberstufe nahm die damalige Schulleitung und die Fachbereichsleitung den Wunsch des Kollegiums, beim Unterricht wieder mutiger neue Wege zu beschreiten, gerne auf.

Allerdings war die Resonanz auf ein erstes Arbeitstreffen dann doch gering. Lediglich eine von 80 Kolleg/innen erschien. Wir ließen uns dennoch zunächst nicht davon beeindrucken und diskutierten verschiedene Möglichkeiten, Schule zu verändern und zu modernisieren. Von mehr Eigenverantwortung im Unterricht bis hin zu einer völligen konzeptionellen Neuausrichtung mit der Abschaffung von Klassen, Jahrgängen und Fächern lag alles auf dem Tisch.

Am Ende wurde beschlossen, sich von anderen innovativen Schulen inspirieren zu lassen.

Es blieb bei dieser einen Sitzung. Es gelang nicht mehr, den Punkt auf die Tagesordnung zu setzen. Stattdessen gewann der tägliche Organisationswahn erneut die Oberhand. Das Ziel, die Schule pädagogisch voranzubringen, hatte plötzlich an Attraktivität verloren. Schlimmer noch, man begann unter Verweis auf organisatorische Notwendigkeiten oder Erlasse bereits über die Abschaffung des bis dahin Erreichten nachzudenken.

Zunächst wurden in der Oberstufe wieder die alten 90-Minuten-Blöcke eingeführt. Der Angriff auf die seit Jahren sehr erfolgreich laufenden Profile im Gymnasium, die es Schulen in Niedersachsen erlauben, mit leicht veränderter Stundentafel Schwerpunkte im Interesse der Schüler/innen zu legen, scheiterte allerdings.

Dann wurde der erfolgreiche YouTube-Kanal der Schule geschlossen. Die letzte Mitteilung auf Facebook erfolgte im Jahr 2017 – ein Rückschlag für ihre bis dato erfolgreiche Öffentlichkeitsarbeit. Die Welt mag die Bedeutung sozialer Medien für die eigene öffentliche Wahrnehmung kennen, so manche Schule in Deutschland eher nicht.

Schule in Deutschland bewegt sich nach wie vor auf den alten Gleisen und es ist nicht absehbar, dass sich dies in naher oder ferner Zukunft ändern wird. Wenig innovative und motivierte Schulleitungen, junge Kolleg/innen, die sich oft überfordert fühlen und mit den Strukturen arrangieren, statt sie zum Besseren zu verändern, eine starre Bürokratie und das Festhalten von Schulverwaltung und Kultuspolitik an veralteten Inhalten und Methoden machen echte Veränderungen im System Schule weitgehend unmöglich. Was bleibt, sind ein paar neue oder vermeintlich neue Methoden. Was bleibt, ist die stupide Ausrichtung auf Verbesserungen bei PISA, auf Klassenarbeiten und mündliche Noten sowie auf die halbjährlich zu vergebenden Zeugnisse. Alles in dem wahnwitzigen Glauben, die Schüler/innen mit dieser Art des Lernens auf das Abitur und ein erfolgreiches Arbeitsleben vorzubereiten.

Dass Schule die Kinder und Jugendlichen im Grunde auf wenig vorbereitet, insbesondere nicht auf die Erfordernisse einer sich im Zeichen technischer Neuerungen schnell wandelnden Arbeitswelt und Gesellschaft, wird dabei übersehen. Stattdessen wird in rückständiger Blindheit Althergebrachtes fortgeschrieben. Am Ende messen wir die Schüler/innen damit lediglich an unserer eigenen beschränkten Kompetenz. Wir bereiten unsere Kinder nicht auf ihre Zukunft, sondern auf unsere Gegenwart vor.

Hochbegabung und Hochleistung werden an deutschen Schulen konsequent verneint, wie die Schwierigkeit, eine Klasse zu überspringen beispielhaft zeigt. Wer das Mittelmaß überragt, wird schnell auf den Boden dieser Mittelmäßigkeit zurückgeholt. Lehrer/innen, die qua Amt und Ausbildung alles wissen, fällt es schwer anzuerkennen, dass ein junger Mensch womöglich besser und neugieriger ist als sie selbst. Auch an dieser Arroganz scheitert die notwendige

Veränderung von Schule. Doch das braucht weder unsere Gesellschaft noch brauchen es unsere Kinder. Und was wir nicht brauchen, können wir getrost abschaffen.

NICHTS IST SO WICHTIG, WIE WIR DENKEN, UND ZEIT HABEN WIR SOWIESO NICHT

Erwachsene überschätzen und überbewerten oft das, was sie selbst gelernt haben und wissen. Im Verein mit der Überzeugung, die heutigen Kinder und Jugendlichen wüssten viel weniger als frühere Generationen, mag dies mit ein Grund dafür sein, dass aktuelle Lehrpläne mit vielen überflüssigen, aber vermeintlich unverzichtbaren Inhalten vollgestopft sind. Mit dem Hinweis darauf wird dann auch gerne jede Möglichkeit, Lehrpläne zu entschlacken, ignoriert und eher dafür genutzt, den Kindern noch mehr zuzumuten. Und obwohl es in der Schule auch um soziales Lernen geht, spielt prüfbares Wissen nach wie vor die Hauptrolle. Für Lehrkräfte ist es der sicherste Weg, um die Schüler/innen einzuschätzen. Wie gut sich jemand in seine Aufgabe als Klassensprecher eingefunden und diese erfüllt hat, lässt sich nur schwer in Noten fassen. Wie genau ein Schüler über die zeitliche Abfolge historischer Ereignisse Bescheid weiß, aber schon. Und da in der Schule am Ende alles auf eine Beurteilung mithilfe von Noten hinausläuft, spielt unnötiges und trockenes Wissen, das ein paar Wochen nach der Klassenarbeit wieder vergessen ist, eine größere Rolle als Kompetenzen, die im späteren Leben möglicherweise von Nutzen sind. Zwar ärgern Lehrkräfte sich darüber, dass die Halbwertzeit des Schülerwissens so kurz ist, dass nach den Ferien alles schon vergessen ist, aber sie ziehen seit Jahrzehnten nicht die richtigen Schlüsse daraus. Stattdessen schieben sie die Schuld an diesem Missstand den Kindern und Jugendlichen zu. Sie unterstellen ihnen mangelnde Fähigkeiten, fehlenden Arbeitswillen, unzureichende Vorbereitung, mangelndes Interesse am Fach oder an der Schule im Allgemeinen und falsch gesetzte Prioritäten. Das eine oder andere stimmt mit Sicherheit auch. Aber man kann es den Schüler/innen kaum verübeln. Warum sollten sie länger als für die Klassenarbeit behalten, was ein Trochäus ist, an welchem Datum der Ballhausschwur geleistet wurde oder welchen Aufbau ein Concertino hat?

Während Lehrkräfte die Schüler/innen und teilweise auch die mangelnde Unterstützung aus dem Elternhaus für die bescheidenen Merkleistungen verantwortlich machen, sehen die Schüler/innen den Grund in der Persönlichkeit der Lehrkraft, im Fach oder im Thema. Eltern, Schulleitung, Schulbürokratie und Teile der Bildungsforschung sehen allein in der Lehrkraft den Verursacher. Man unterstellt ihr mangelnde Fähigkeit zum Unterrichten, schlechte Vorbereitung, ein unzureichendes Methodenrepertoire etc. 30 zusammengewürfelte Individuen gleichzeitig für irgendein, möglicherweise abseitiges Thema zu interessieren, ist wahrlich alles andere als einfach. Und die Rahmenbedingungen, unter denen Schule heute stattfindet, lassen kaum Zeit für den Einsatz all der ausgefeilten Methoden, die im Referendariat vermittelt werden. Man kann sie nur mit Kompromissen einsetzen und so ihren Erfolg verwässern. So zeigt sich beispielsweise, dass Schüler/innen, die, in Gruppen aufgeteilt, eine gemeinsame Mindmap erstellen sollen, es zwar schaffen, weitgehend das Wichtigste aus der Quelle herauszufiltern, das Gefilterte und Zusammengeschriebene aber in keiner Weise verstehen, was eine Beurteilung der Quelle unmöglich macht. Das muss dann mit erheblichem Zeitaufwand nachgeholt werden. Und das vor dem Hintergrund, dass Lehrkräfte für die geforderten Lerninhalte zu wenig Zeit im Schuljahr zur Verfügung haben. Wende ich für einen Bereich mehr Zeit auf, muss ich diese an anderer Stelle einsparen. Der alte lehrerzentrierte Unterricht erleichtert das Zeitmanagement innerhalb der starren Strukturen deutscher Lehrpläne. Offener, schülerzentrierter Unterricht ist hingegen nur sehr begrenzt sinnvoll möglich. Ich möchte hiermit in keiner Weise Lehrerzentrierung befürworten. Aber mit den alten, lehrerzentrierten Methoden fühlen sich die Lehrkräfte oft sicherer, weil sie meinen, damit den Anforderungen der Lehrpläne besser gerecht zu werden. Daran werden sie am Ende gemessen. Es zählt lediglich, ob die Schüler/innen zu einem bestimmten Zeitpunkt ein bestimmtes Wissen abrufen können. Die Methode zur Erreichung dieses Ziels ist unerheblich.

Es ist also der organisatorische Aufbau von Schule, der Lehrer/innen an älteren Methoden festhalten lässt. Wenn dieser Aufbau nicht von Grund auf geändert wird, dann wird die Schule sich nicht verändern, ganz gleich, was Politiker und Bildungsbürokraten in Sonntagsreden versprechen.

Das in der Schule durch Belehrung erworbene Wissen ist kaum nachhaltig. Dennoch bescheinigen wir unseren Kindern mit dem Abschlusszeugnis eine gelungene Vorbereitung auf die künftige erfolgreiche Teilnahme am gesellschaftlichen und wirtschaftlichen Leben. Wir halten an dem unsinnigen Glauben fest, dass die Anhäufung von Spezialwissen die Kinder und Jugendlichen auf das Leben vorbereitet. Was wir auf dem Abschlusszeugnis nicht bescheinigen, sind die Fähigkeiten und Fertigkeiten, die ihnen eine tatsächliche erfolgreiche Teilnahme am gesellschaftlichen Leben ermöglichen, wie etwa Flexibilität, Zuverlässigkeit, Ausdauer, Eigeninitiative, Teamfähigkeit, Freundlichkeit, Entscheidungsfähigkeit, Kreativität oder Durchsetzungsvermögen. Obwohl Schule den Anspruch hat, Schlüsselqualifikationen wie Handlungskompetenz, Medienkompetenz, Methodenkompetenz, Selbstkompetenz und soziale Kompetenz zu vermitteln, werden auf dem abschließenden Zeugnis lediglich das Wissen und eine gewisse Methoden- und die Medienkompetenz bescheinigt. Beide aber nur mittels des Wissens. Alles andere lässt sich eben nicht in Notenziffern ausdrücken. Doch anstatt dann konsequenterweise darauf zu verzichten, rettet sich die Schule in die Beurteilung von Irrelevantem.

Eltern vertrauen darauf, dass die Schule ihren Kindern beibringt, was diese können und wissen sollten. Sie vertrauen darauf, dass vermeintliche Profis Inhalte und Materialien so auswählen, dass die Kinder am Ende ihrer Schulkarriere gut auf das Leben danach vorbereitet sind. Die meisten machen sich wohl kaum große Gedanken über die tatsächlichen Inhalte und deren Angemessenheit. Und natürlich kann man von ihnen nicht verlangen, sich näher mit den einzelnen Curricula der Fächer und Schulformen zu beschäftigen. Zum einen fehlt den meisten die Zeit dazu, zum anderen fällt es nicht in ihre Verantwortung. Dennoch lohnt ein kritischer Blick in die Lehrpläne, um die Sinnhaftigkeit mancher Elemente zu hinterfragen. Die nachfolgenden Beispiele vermitteln einen kleinen Eindruck davon, was an Bedeutungslosem den Schüler/innen aufgezwungen wird.

Zunächst jedoch wage ich die Behauptung, dass ein großer Teil des in der Schule vermittelten Wissens völlig unbedeutend ist. Das soll nicht heißen, dass es gar keine Daseinsberechtigung hat und dass es nicht den einen oder anderen gibt, für den es von höchster Relevanz ist. Doch da in der Schule alle Kinder das gleiche Basiswissen erwerben sollen, müssen wir gleichzeitig davon ausgehen, dass das Gelernte für alle die gleiche Relevanz haben muss. Die Frage lautet nun: Ist das wirklich so?

Ich habe als junger Mensch verschiedene Schulen in Bayern und Hessen besucht. Ich bin in beiden Bundesländern in die Grundschule gegangen, in Hessen auf eine Gesamtschule und in beiden Ländern auf Gymnasien. Aus meiner Unterrichtstätigkeit kenne ich die Schulen in Hessen und Niedersachsen. In der bayerischen Grundschule hatte ich das Fach Schönschreiben. Eine Stunde pro Woche trainierten wir unter den strengen Augen des Schulleiters unsere Handschrift. Der lief mit Argusaugen durch die Reihen und ermahnte jeden ständig, sich mehr anzustrengen. Wer sich nicht genug Mühe gab, wurde wütend ermahnt und auch gelegentlich körperlich gezüchtigt. Ich wage zu behaupten, dass dieses Fach unnötig war, ein Urteil, das durch seine spätere Abschaffung bestätigt wird. Sicherlich ist eine saubere und lesbare Handschrift sinnvoll und erstrebenswert. Dies angesichts der Tatsache, dass Kinder ganz unterschiedliche Voraussetzungen und Begabungen haben, die sich auch auf die Handschrift auswirken, in einem Schulfach unter den geschilderten Bedingungen zu erreichen, erwies sich nicht als erfolgreich.

Auch die Mengenlehre konnte sich nicht dauerhaft im Mathematikunterricht etablieren. Dieser Mut, den Sinn so mancher Auswüchse von Unterricht zu hinterfragen und diese zu korrigieren, sollte uns ermuntern, Gleiches in einem wesentlich größeren Maßstab anzugehen. Beginnen könnten wir mit so manchen Kleinigkeiten.

So erleben wir seit Jahren vor allem in der Grundschule eine Inflation von Führerscheinen. Da gibt es den *Füllerführerschein*, den *Wörterbuchführerschein*, den *Busfahrführerschein*, den *Bibliotheksführerschein*, den *Handyführerschein*, den *Computerführerschein*, den *Internetführerschein*, den *Flüsterführerschein* usw. Als Motivation gedacht, machen sich die Schüler/innen mit Vorschlägen etwa für einen *Toilettenführerschein*, einen *Pausenhofführerschein*, einen *Treppenführerschein* oder einen *Wasserfarbenführer-*

schein inzwischen lustig darüber. Ein Grundprinzip der Führerscheine ist, dass man erst mit ihrem Erwerb bestimmte Dinge tun oder benutzen darf. Insofern fänden einige Kinder einen Schulführerschein gar nicht so schlecht, denn ohne diesen dürften sie nicht in die Schule gehen. Dieses *Benutzungsverbot* führt allerdings auch zu Verstimmungen, wenn Kinder etwa nicht mit dem Füller schreiben dürfen, nur weil die Klasse noch nicht den *Füllerführerschein* gemacht hat.

Im Gymnasium könnten wir die Sprachenfixierung überdenken. Ist es wirklich notwendig, dass jeder Schüler zwangsweise eine zweite Fremdsprache neben dem Englischen erlernen muss? Wer beispielsweise später für sein Studium Latein braucht, wie etwa Historiker oder Mediziner, kann die geforderten Nachweise ohne Weiteres an der Universität erwerben, muss das sogar, wenn er an seiner Schule kein Latein erlernen konnte. Theologen müssen Griechisch und Hebräisch ebenfalls an der Universität lernen.

Die Schule bereitet einen also nicht zwangsweise auf die benötigte Fremdsprache vor. Daneben wenden viele Abiturient/innen ihre Kenntnisse der zweiten Fremdsprache nach dem Abitur kaum noch an, weil sie mit ihren Englischkenntnissen überall zurechtkommen. Aus diesem Grund sollten wir die Schüler/innen von dem Zwang, eine zweite Fremdsprache lernen zu müssen, befreien. Wer gerne eine zweite oder auch dritte Fremdsprache erlernen möchte, soll dies tun können. Wer aber keine Zuneigung zu Sprachen hat, schleppt oft jahrelang eine Fünf darin mit sich herum, nur um die

Sprache nach dem Abitur nie wieder zu gebrauchen. Für diese Schüler/innen wären sinnvolle Alternativen erfolgversprechender, während das zähe Festhalten am Zwang einer zweiten Fremdsprache eher fahrlässig und eine Verschwendung der Ressourcen von Schüler/innen ist. Für viele Schüler/innen sind andere Fachrichtungen in Zukunft bedeutungsvoller. Diesen wird allerdings in der Schule überhaupt kein Raum geboten.

Der Zwang, dass alle Gymnasialschüler eine zweite Fremdsprache erlernen müssen, ist lediglich Selbstzweck und dient dazu, Etabliertes zu konservieren, nicht aber, im Sinne unserer Kinder zu handeln. Wäre es anders, würde man die unbegründete Fixierung auf die französische Sprache, die für viele Schüler/innen in ihrem späteren Leben keinen praktischen Nutzen hat, aufgeben. Die hohe Nachfrage nach Spanisch wird mit Verweis auf den Elysée-Vertrag[6] zwischen der Bundesrepublik Deutschland und Frankreich ignoriert. Dieser Vertrag jedoch verpflichtet die Schulen in keiner Weise. Vielmehr handelt es sich um eine interpretierte Verpflichtung, die jeder Grundlage entbehrt. Der Élysée-Vertrag spricht lediglich davon, dass beide Staaten sich »bemühen«, die Zahl der Schüler/innen, welche die jeweilige Sprache sprechen, zu erhöhen. Das mag zur Zeit des Vertragsabschlusses sinnvoll gewesen sein. Eine dauerhafte Fixierung auf das Französische als zweite Fremdsprache an deutschen Schulen kann man daraus nicht ableiten.

Das Festhalten am Zwang zur zweiten Fremdsprache im Gymnasium für alle ist also nicht der Einsicht geschuldet, sie damit auf die erfolgreiche Teilnahme am Arbeitsleben vorzubereiten. Wir können diesen Zwang also ohne Schwierigkeiten abschaffen, zumal für Schüler/innen keine Notwendigkeit besteht, zwei Fremdsprachen zu beherrschen. Sinnvoller wäre es, mehr Wert darauf zu legen, dass Schüler/innen die englische Sprache besser beherrschen. Doch die Lobbyisten der Zwei-Fremdsprachen-Regelung drängen bei den anstehenden Veränderungen im Zuge des Wechsels vom acht- zum neunjährigen Gymnasium lieber darauf, die Pflicht zu einer zweiten Fremdsprache zu zementieren und das Erlangen des Abiturs davon abhängig zu machen.

Das Abitur weist die Studierfähigkeit aus. Die Frage muss also lauten: Ist ein junger Mensch nur dann studierfähig, wenn er zwei Fremdsprachen einigermaßen beherrscht? Oder anders formuliert: Wird ein junger Mensch am Studium der Mathematik scheitern, weil er in der Schule keine zweite Fremdsprache erlernt hat? Beide Fragen sind klar mit Nein zu beantworten, weshalb das Bestehen auf der Pflicht, zwei Fremdsprachen für das Abitur erlernen zu müssen, unsinnig ist. Vor dem Hintergrund der Klagen der Universitäten über die mangelnde Studierfähigkeit vieler Abiturient/-innen sollten Gymnasien sich lieber überlegen, wie sie ihre Schüler/innen wirklich auf ein Studium vorbereiten, statt an der überkommenen Anzahl von Pflichtfremdsprachen festzuhalten.

Gleiches gilt im Übrigen auch für naturwissenschaftlichen Fächer. Nicht jede Schülerin und jeder Schüler hat eine Vorliebe für diesen Bereich, und viele tun sich zeit ihres gymnasialen Lebens schwer mit den Fächern Biologie, Physik und Chemie. Viele schleppen hier jahrelang eine Fünf mit sich herum, bis sie endlich in der Oberstufe eines dieser Fächer abwählen können. Die Frage stellt sich, ob vertiefte Kenntnisse in diesen Fächern für alle Abiturient/innen wirklich notwendig sind. Ich selber beispielsweise habe mein Abitur mit rudimentären chemischen Kenntnissen gemacht. Und viele Eltern, mit denen ich mich unterhalten habe, und sogar Lehrer/innen rühmen sich ihrer mangelnden Fähigkeiten in irgendeinem Fach. Auch jene, die einen Studienabschluss haben.

Früher war es auch eher möglich, die Oberstufe und das Abitur mehr an den eigenen Vorlieben und Fertigkeiten auszurichten. Sind all die früheren Schüler/innen deswegen weniger gebildet oder schlechter auf die Arbeitswelt vorbereitet? Wohl kaum, denn sie sind ein produktiver Teil der Gesellschaft geworden.

In unserem Wahn, alle Schüler/innen zu egalisieren und zu vergleichen, sind wir inzwischen dazu übergegangen, Unterricht und Stundentafel sowie die Abschlüsse noch weniger an den Schüler/innen zu orientieren und mehr an der Notwendigkeit der Vergleichbarkeit. Für diese Vergleichbarkeit, von der wir glauben, sie helfe uns bei der sachlichen Auswahl der Besten, sind wir bereit, diese Besten und all die anderen Potenziale in der Schule zu opfern. Im Übrigen ist die Ausrichtung auf die Notwendigkeit der Vergleichbarkeit ein Widerspruch zu dem Anspruch, den Bedürfnissen der Schüler/innen stärker gerecht zu werden und jeden Einzelnen entsprechend seinen Fähigkeiten und Fertigkeiten zu würdigen und zu fördern.

Opfer dieses Widerspruchs sind immer die Schüler/innen. Manchmal früher, manchmal auch erst im Abitur. Wie frustrierend muss es für einen jungen Menschen sein, sich bis zum Abitur vorgekämpft zu haben, und dann wegen eines lächerlichen Punktes in einer Klausur oder der mündlichen Prüfung in einem für die eigene Zukunft absolut irrelevanten Fach in die Nachprüfung gehen zu müssen, dabei stets die Gefahr vor Augen, diese nicht zu bestehen und das Abitur aufgrund dieser Marginalität nicht zu erhalten? Dort braucht dieser junge Mensch dann deutlich mehr Punkte, um diesen einen lächerlichen fehlenden Punkt auszugleichen. Ich habe diese Grenzfälle mehr als einmal erlebt. Was haben Lehrkräfte, Schule, Bildungsbehörde und Staat davon, einem Schüler diesen einen lächerlichen Punkt zu verweigern und ihn in die Nachprüfung zu schicken, die mehr von ihm verlangt als die eigentliche Prüfung, um ihn dann eventuell ein weiteres Jahr beschulen zu müssen oder zur Aufgabe zu zwingen? Worin liegt der Vorteil, an dieser Stelle das Abitur zu verweigern und dem Schüler zusätzliche Arbeit zu verordnen? Wird er durch diese erlebte Frustration im kommenden Jahr ein besserer Schüler oder stärker für die Ausbildung motiviert? Niemand kann das ernsthaft annehmen. Und niemand sollte glauben, dass wir dem Schüler mit dieser beschämenden Enttäuschung am Ende einen Gefallen getan haben. Vielmehr haben wir diese mangelnde Wertschätzung mit der Verschwendung wertvoller menschlicher und finanzieller Ressourcen bezahlt.

Daneben kann keine noch so erfahrene Lehrkraft genau den Unterschied zwischen einer Vier und einer Vier minus oder zwischen 9 Punkten und 10 Punkten bestimmen. Die Entscheidung basiert auch hier wieder auf dem Bauchgefühl.

Gerade in sprachlichen und geisteswissenschaftlichen Fächern, in denen man nicht einfach Falsch und Richtig abhaken oder anstreichen kann, ist eine eineindeutige Begründung nicht möglich. Wer etwas anderes behauptet, der versucht sich damit nur herauszureden und seine eigene Unsicherheit an dieser Stelle zu kaschieren, um nur ja keine Zweifel an der eigenen Professionalität aufkommen zu lassen.

Aufgrund der Subjektivität der Notengebung haftet dieser stets ein Hauch von Willkür an. Sympathie und Antipathie sind hier entscheidende Faktoren. Einer ausreichend begabten, netten und fleißigen Schülerin gibt man eher eine bessere Note als einem gut begabten, jedoch faulen und aufsässigen Schüler. Das ist die Realität. Auch Lehrer/innen agieren bei aller Professionalität nicht wie emotionslose Maschinen.

In der mündlichen Abiturprüfung muss die Prüfungskommission sich über die Note einigen. Je nach Zusammensetzung kann es sein, dass die Kolleg/innen in ihrer Beurteilung dicht beieinanderliegen oder weit auseinander – ein Paradebeispiel für die Willkürlichkeit bei der Notengebung. In letzterem Fall wird die Note dann verhandelt. Objektiv ist sie damit auf jeden Fall nicht mehr.

Lehrkräfte sind sich schon in der Frage der erbrachten Leistung nicht immer einig. Wenn die eine Lehrkraft dann noch die besondere Situation der Prüfung mit ins Kalkül zieht, in der sich aufgeregte junge Menschen in einer schwierigen und emotional belastenden Situation befinden, während das der anderen unwichtig ist, wird die Entscheidungsgrundlage noch unklarer. In diesem Augenblick haben Lehrkräfte sehr viel Macht, die manche gelegentlich ausnutzen, alles natürlich unter dem Deckmantel vermeintlicher Gerechtigkeit und Objektivität.

Das Unverständlichste an diesem nicht nachvollziehbaren Auswahlmechanismus ist, dass die Entscheidung oft auf Inhalten beruht, die für eine erfolgreiche weitere Entwicklung und Ausbildung weitgehend irrelevant sind. Die einzige Relevanz hat dieses Verfahren für die Gymnasiallehrkräfte, die ihre Existenzberechtigung daraus ableiten. Wann, wenn nicht im Abitur, können Lehrkräfte deutlich unter Beweis stellen, dass sie über ein erhebliches Maß an Wissen und Können verfügen? Wann, wenn nicht im Abitur, können Lehrkräfte der Welt deutlich machen, wie wichtig sie selbst, ihre Arbeit und die Details ihres Faches für Mensch und Gesellschaft sind?

Die beschämende Frustration vieler Schüler/innen gäbe es ohne die überbordende Fülle an unnötigen Inhalten, ohne den Bewertungs- und Beurteilungswahn und den selbst auferlegten Zwang zur Auswahl nicht. Eine verantwortungsvolle Gesellschaft muss diese Beschämungskultur beenden. Teil dieser Neuausrichtung unseres Bildungswesens muss die starke Reduzierung obligatorischer und eine deutliche Ausweitung fakultativer Fächer und Inhalte sein. Unnötiges aus den Lehrplänen zu streichen ist auch deshalb notwendig, weil in der Schule überhaupt nicht ausreichend Zeit ist, sich hinreichend mit den einzelnen Themen der Fächer auseinanderzusetzen. Lernen aber braucht Zeit, weshalb die Schule den Kindern diese Zeit auch zur Verfügung stellen muss, statt sie ihnen zu rauben, wie in den letzten Jahren. Aktuell versucht sie mit der Rückkehr zum neunjährigen Gymnasium den Schüler/innen wieder etwas davon zurückzugeben. Das reicht aber nicht aus, solange die Fixierung auf den Erwerb umfangreichen Fachwissens nicht beendet wird.

In den letzten Jahren hat sich Schule bemüht, von der Ebene des Wissens verstärkt auf die Ebene der Kompetenzen umzustellen. So finden sich im Curriculum des Faches Geschichte der Jahrgänge 5 bis 10 des Landes Niedersachsen – jedoch nicht nur hier – die Sach-, Methoden- und Urteilskompetenz. Als eng miteinander verflochtene Kompetenzen, welche die narrative Kompetenz bilden, sollen sie zusammen mit dem Fachwissen erworben werden. Dieser Ansatz ist im Grunde nicht schlecht, jedoch ist er eher den bei PISA erlangten Ergebnissen und der damit verbundenen öffentlichen Diskussion geschuldet als der tatsächlichen Einsicht, es käme mehr auf die Urteilsfähigkeit an als auf das Fachwissen. Man könnte zwar den Eindruck gewinnen, der Erwerb von Fachkompetenz stehe im Dienste des Erwerbs der anderen Kompetenzen, dem ist aber nicht so. Tatsächlich ist es genau umgekehrt.

Selbstverständlich braucht es einen fachlichen Lerngegenstand, um an ihm Urteilsfähigkeit zu erlernen und zu üben. Bei genauerer Lektüre des Lehrplans stellt man jedoch fest, dass Sach-, Methoden- und Urteilskompetenz lediglich der Aneignung von Fachwissen dienen. Was zunächst wie eine hilfreiche Unterstützung aussieht, entpuppt sich bei genauerem Hinsehen als Geplänkel, das dazu dient, den zu vermittelnden Wissensstoff nicht auf seine Sinnhaftigkeit zu überprüfen und zu reduzieren. Die Wichtigkeit des Fachwissens und seine Fülle werden auch nicht ansatzweise infrage gestellt. Stattdessen wird versucht, über die Ablenkung auf die drei genannten Kompetenzen die beinahe ausschließliche Bedeutung des Fachwissens für die Schule zu verschleiern und gleichzeitig zu erhöhen.

So beginnt im Geschichtslehrplan der Abschnitt über die Sachkompetenz mit dem Satz: »*Fachwissen* bleibt träge, wenn es nicht vernetzt und in größeren kognitiven Zusammenhängen angewandt wird. Um mit Fachwissen kompetent umgehen zu können, müssen kategoriale Strukturen erworben werden, die eine sinnbildliche Ordnung des erlernten Fachwissens ermöglichen.«

Unter der Überschrift »Methodenkompetenz« heißt es dann weiter:

»Die Methodenkompetenz bezieht sich auf die Fertigkeit, mit Zeugnissen und Darstellungen der Vergangenheit kompetent umgehen zu können. (…) Schülerinnen und Schüler lernen mithilfe der Methodenkompetenz, historische Narrationen auf der Grundlage von Zeugnissen der

Vergangenheit zu entwickeln ([Re-]Konstruktion) und sie zu analysieren (Dekonstruktion).«[7]

Beide Kompetenzen haben zweifelsohne ihre Berechtigung und sind von großer Wichtigkeit, um Schüler/innen einen nachhaltigen Zugang zu historischen Themen zu ermöglichen. Wir müssen uns aber klar darüber sein, dass beide Kompetenzen nur Mittel zum Zweck sind. Nicht das Fachwissen steht im Dienste der Erlangung von Sachkompetenz und Methodenkompetenz, sondern diese beiden Kompetenzen dienen ausschließlich der Erlangung des umfangreichen Fachwissens und sind diesem nachgeordnet. Alle anderen Behauptungen dienen lediglich der Beruhigung der Öffentlichkeit.

Dass Fachkompetenz in der Schule den höchsten Stellenwert genießt, wird deutlich, wenn man sich die Fülle des Fachwissens betrachtet, das die Schüler/innen bis zum Ende ihrer Schulkarriere aufgesogen haben sollen. Dieser Stellenwert zeigt sich außerdem in der Arbeit der gymnasialen Lobby und der einzelnen Fachgremien, die sich bis heute mehr als schwer damit tun, auf Inhalte zu verzichten, wie man an der Diskussion um die verpflichtende zweite Fremdsprache für die gymnasiale Oberstufe sieht.

Im Fach Geschichte umfassen die sechs Schuljahre der Sekundarstufe I 29 einzelne Themen, die zu behandeln sind, also etwa fünf Themen pro Schuljahr, wobei Geschichte in den Klassen 7 bis 9 lediglich mit einer, in den Jahrgängen 5, 6 und 10 mit zwei Wochenstunden unterrichtet wird. Geht man der Einfachheit halber davon aus, dass ein Schuljahr im

Durchschnitt aus 40 Wochen besteht, so kommt man bei zwei Geschichtsstunden pro Woche auf insgesamt 80 Stunden. Zieht man davon zehn Stunden pauschal ab, die mindestens als reguläre Unterrichtsstunden ausfallen, weil sie für Klassenarbeiten und deren Besprechung, für einen Lehrausflug, eine Schulveranstaltung, Projektwoche, Klassenfahrt, Schuljahresende oder dergleichen benötigt werden, verbleiben am Ende für den Unterricht in Geschichte folglich 70 45-Minuten-Einheiten oder 35 90-Minuten-Einheiten. Im Jahrgang 5 sind für das Fach Geschichte laut Lehrplan acht Themen vorgesehen. Das bedeutet, dass einer Klasse etwa viereinhalb Doppelstunden pro Thema zur Verfügung stehen.

Das mag auf den ersten Blick nicht dramatisch erscheinen. An einem konkreten Thema, wie etwa *Leben in der Steinzeit*, wie es im Lehrplan steht, wird das Problem jedoch deutlich. Nach der obigen Berechnung bleiben etwa vier Doppelstunden, folglich vier Wochen Zeit, das Thema zu bearbeiten. Im Geschichtsbuch für die niedersächsischen Schulen ist das Thema *Leben in der Steinzeit* in acht Unterkapitel eingeteilt. Das bedeutet konkret, dass man in jeder Doppelstunde zwei dieser Unterthemen behandeln müsste. Ein nachhaltiger Unterricht ist so faktisch nicht möglich, weswegen man auswählen muss. Jede Auswahl bedeutet gleichzeitig, auf wichtige Themen verzichten zu müssen und mit Schüler/innen relevante Methoden nicht erarbeiten und üben zu können und so wesentlichen Methodenkompetenzerwerb nicht zu erfüllen. Welche der Methoden soll man mit den Schüler/innen aufgreifen und üben? Zu bedenken ist dabei, dass manche Schüler/innen mehr als eine Doppelstunde benötigen, bis sie eine Methode richtig erarbeitet haben. Thematische Exkurse, die der Neugierde von Schüler/-innen entspringen, scheiden so von vornherein aus.

Kurz, für eine sinnvolle, nachhaltige und schülerorientierte Bearbeitung der vom Curriculum erwarteten Wissensinhalte steht nicht ausreichend Zeit zur Verfügung. Am Ende wird der Schwerpunkt gezwungenermaßen immer auf dem Wissenserwerb und weniger auf dem Kompetenztraining liegen und schon gar nicht auf den Interessen der Schüler/-innen, weil die Wissensinhalte bis zum Jahresende durchgearbeitet sein müssen. So sehen es das System und das Schulbuch vor. Klassen haben nicht die Möglichkeit, ein Thema im nächsten Schuljahr nachzuholen, denn in aller Regel können sie dann nicht mehr auf das Schulbuch zurückgreifen, das sie dafür benötigten, weil es bereits an die nächste Klasse ausgeliehen wurde, die nun in derselben schwierigen Lage steckt wie ihre Vorgängerin. Bei der Verwendung digitaler Schulbücher wäre dies übrigens anders.

Möchte eine Lehrkraft nicht durch den Stoff hetzen und stattdessen den Schüler/innen Zeit geben, nachhaltig zu lernen und Inhalte auch gänzlich zu verstehen, muss sie notgedrungen einzelne Teile weglassen und exemplarisch mit kleinen Ausschnitten arbeiten. Dabei kommt sie in zweifacher Hinsicht mit dem Kerncurriculum in Konflikt. Zum einen erfüllt sie nicht den Anspruch, die für ein Abitur erforderlichen Inhalte behandelt zu haben. Zum anderen gelingt ihr nicht die Vernetzung historischer Ereignisse, die aber zum Erkennen größerer Zusammenhänge notwendig ist.

Das Curriculum selbst erzeugt hier einen Widerspruch. Um Wissen miteinander zu vernetzen und größere Zusammenhänge zu verstehen, benötigt man Zeit und die Möglichkeit, Vernetzung herzustellen. Bei der Fülle, die thematisch gefordert ist, bleibt jedoch nur Zeit, in die einzelnen Bereiche hineinzuschnuppern. Eine Vernetzung kann auf diese Weise nicht erreicht werden. Das zeigt auch die schulische Realität. Es gibt kaum Schüler/innen, die die einzelnen Themen nicht isoliert voneinander betrachten. Nur ganz wenige stellen von sich aus Verbindungen zwischen ähnlichen Themen her.

ES IST UND BLEIBT UNNÜTZ

Die Welt ist ein hochdynamischer Ort. Die Veränderungen, die wir erleben und die wir bewältigen müssen, sind gewaltig. Wir erlebten den Untergang der Sowjetunion und den Fall der Berliner Mauer, die den Kalten Krieg beendeten. Die Bundesrepublik und die DDR wuchsen zu einem Deutschland zusammen. Wir erlebten als Jugendliche die Katastrophe von Tschernobyl und Jahrzehnte später jene von Fukushima. Der saure Regen, der unsere Wälder zerstörte, verschwand irgendwie, die Flüsse wurden irgendwann wieder sauber und das Ozonloch verkleinerte sich ebenfalls.

Die technischen Veränderungen, die wir erlebten und immer noch erleben, waren und sind unglaublich. Aus dem hässlich grauen Telefon der Deutschen Bundespost ist die bunte Welt der Mobiltelefone geworden. Heimcomputer sind aus unserem Alltag nicht mehr wegzudenken und werden von Jahr zu Jahr besser, kleiner und vielfältiger, sodass wir heute nicht mehr mit Telefonen telefonieren, sondern mit kleinen Computern namens Smartphone. Das Internet hat die Welt näher zusammengebracht, die Informationsfülle vervielfacht und das Antlitz der Welt verändert. Alte Herausforderungen sind verschwunden und durch neue ersetzt worden. Die Demokratie schwächelt weltweit, Autokraten prägen vielfach das Bild, China ist die kommende Macht des 21. Jahrhunderts. Seit dem Jahr 2000 haben wir zwei Wirtschafts- und Finanzkrisen erlebt. Der Klimawandel nimmt immer mehr Fahrt auf und wird das Leben künftiger Generationen dramatisch verändern.

Obwohl dies nur ein Auszug der Veränderungen der letzten Jahrzehnte ist, wird eines deutlich: Das Leben von heute ist in keiner Weise mehr mit dem Leben noch vor wenigen Jahrzehnten vergleichbar, zu gravierend sind die Veränderungen. Doch obwohl Leben und Lebensumstände sich derart gewaltig verändert haben und die Herausforderungen, die wir heute bewältigen müssen und die unsere Kinder in der Zukunft zu bewältigen haben werden, gänzlich andere und komplexere sind, bereiten wir diese Kinder fast genauso auf ihr Leben vor, wie wir selbst vorbereitet wurden. Im Grunde bereiten wir sie auf ein Leben in einer Welt vor, die längst der Vergangenheit angehört. Inmitten dieses fundamentalen Wandels ist die Schule weitgehend geblieben, was sie schon immer war: ein konservierter Ort mit veraltetem Zeitmodell, veralteten und überfüllten Lerninhalten und Lehrmethoden sowie zum Teil im Geiste veraltetem Personal. Anstatt sich die moderne Welt zum Vorbild zu nehmen, scheint die Schule sich eher an der katholischen Kirche zu orientieren, die ihr überkommenes Modell seit gut 2000 Jahren mehr oder weniger erfolgreich konserviert. Für die Schule und unsere Kinder können wir das nicht wollen.

Die Fülle und Komplexität des Wissens, über das die Menschheit mittlerweile verfügt, kann die Schule weder abbilden noch vermitteln. Sie kann lediglich Angebote machen und eine kleine Basis legen, die es unseren Kindern ermöglicht, mit diesem Wissen und dessen exponentiellem Wachstum umzugehen. Dabei ist es heute nötiger denn je, dass die Schule angemessen auf die Dynamik der Welt und die Expansion des Wissens reagiert. In einem ständigen Prozess der Evaluation muss sie ihre Fächer und Lehrpläne verändern und anpassen. Sie muss offener sein für Neues, für mehr Vielfalt, wo Altes neben Neuem Bestand hat, ohne in Konkurrenz miteinander zu treten. Gleichzeitig muss die Bereitschaft steigen, Überkommenes und weniger Relevantes auszusortieren und gegen Zukunftsträchtiges einzutauschen. Die Starrheit des einen vermeintlich richtigen Wissensfundus muss der Flexibilität multiplen Wissens weichen.

Die Schule wäre durchaus in der Lage, ihre Fächerstruktur und die zu unterrichtenden Inhalte zu verändern und anzupassen. Denken wir an das Fach *Schönschreiben* oder an die Mengenlehre. Beides gibt es heute nicht mehr. Stattdessen gibt es manche Schulen, die Fächer wie Chinesisch, Luft- und Raumfahrt oder das Fach »Glück« unterrichten. Wir sehen also, Veränderungen sind machbar, doch sie sind selten und brauchen in der schulischen Bürokratie viel zu lange.

Leider passt sich die öffentliche Schule der Dynamik der Welt und dem sich stetig wandelnden Wissen nicht an. Seit vielen Jahrzehnten ist der Fächerkanon, der in der Schule unterrichtet wird, weitgehend unverändert geblieben. Wichtige Lerninhalte finden kaum Einlass in die Schule. Obwohl es heute wichtiger ist zu wissen, was Algorithmen sind und wie man sie schreibt, werden lieber alle Gymnasiast/innen weiter gezwungen, eine zweite Fremdsprache zu erlernen, deren effektiver Nutzen für die Zukunft vieler eher zweifelhaft ist. Statt zu lernen, wie Finanzmärkte funktionieren und wie man sinnvoll mit Geld und Geldanlagen umgeht oder wie man gesund lebt, sich gesund ernährt, Krankheiten – körperlichen und geistigen – vorbeugt, lernen die Kinder und Jugendlichen den Farbkreis und den Quintenzirkel kennen. Sie müssen große und kleine Terzen erkennen, ein Selbstporträt zeichnen und sie müssen wissen, wie die alten Griechen und Römer gelebt haben und Kriege führten. Außerdem müssen sie korrekt mit dem Kopf zuerst ins Wasser springen oder einen Handstandüberschlag machen. Sie müssen das Periodensystem auswendig können, jeden Fluss in Deutschland korrekt benennen und geografisch einordnen und den korrekten Ablauf der Französischen Revolution kennen. All das, um damit auf das Leben und die Teilhabe an der Gesellschaft vorbereitet zu sein. Und obendrein werden diese Kenntnisse und Fertigkeiten, mögen sie für ihr späteres Leben nützlich oder unnütz sein, mit Noten bewertet. Wie gut sie den Stoff gelernt haben und wie gut ihnen die Ausführung oder Wiedergabe dieses Irrelevanten gelingt, entscheidet mit über ihre Zukunft.

Stellen Sie sich vor, sie würden gerne Bäcker werden wollen und darüber, ob sie erfolgreich die Gesellenprüfung ablegen, entscheidet mit, wie gut sie eine Mauer hochgezogen und eine Heizung eingebaut haben.

Obwohl ich durch unser Bildungssystem hindurchgegangen bin und von der deutschen Bildungsgesellschaft sozialisiert wurde, aus einem bürgerlichen Haushalt komme, in dem immer viel Wert auf gute Bildung gelegt wurde, erschließt sich mir nicht, warum man als Mensch gebildeter sein soll, wenn man die Schule mit zwei Fremdsprachen und der Kenntnis darüber, was eine Kakophonie ist, verlässt, anstatt zu wissen, was Aktien und Anleihen sind, wie man eine App schreibt, wie man auf einer Raumstation überlebt oder wie man mit einer Panikattacke umgeht. Warum sollte es wichtiger sein, einen Trochäus von einem Jambus zu unterscheiden, als wie man Tomaten richtig züchtet oder mit möglichst wenigen Pestiziden Weizen anbaut? Sollten Sie im Übrigen jetzt Lust bekommen haben nachzusehen, was der Unterschied dieser beiden Versmaße ist, schauen Sie nicht unter Wikipedia nach, denn die Fülle an Versmaßen wird

Sie umhauen und Sie werden froh sein, in der Schule nur vier gelernt zu haben.

Ist es nicht anmaßend und völlig weltfremd zu glauben, dass nur mit dem speziellen Wissen, das die Schule vermittelt, aus unseren Schüler/innen gebildete, ausreichend auf die Zukunft vorbereitete junge Menschen werden?

Sicherlich ist es im Sinne der Vergleichbarkeit besser, wenn alle Schüler/innen über das gleiche Wissen verfügen bzw. sich den gleichen Lernstoff aneignen und zur Kontrolle wiedergeben müssen. Aber Schule dient nicht der Vergleichbarkeit, sondern den Schüler/innen, weshalb die Fixierung auf einen veralteten Fächer- und Themenkanon unverständlich ist. Die Komplexität und den Wandel des Wissens kann man damit nicht abbilden. Daher sollten wir mit den Lerninhalten wesentlich offener und flexibler umgehen. Wir sollten, ausgehend von einer verbindlichen Grundlage für alle, das Spektrum der Lerninhalte erweitern, diese aber gleichzeitig nicht obligatorisch für alle machen. Wir sollten mehr Mut zur Vielfalt aufbringen und die Schüler/innen frühzeitiger stärker nach eigenen Interessen, Talenten und Schwerpunkten entscheiden lassen, welchen Fächern und Themen sie sich verstärkt zuwenden.

Was aber könnte man konkret von der langen Liste der verpflichtenden Inhalte streichen? Eine Menge. Ich nenne im Folgenden ein paar Beispiele.

Im Fach Geschichte halte ich es etwa für nicht so wichtig, dass Schüler/innen sich mit den antiken Olympischen Spielen beschäftigen. Es ist für sie ohne Bedeutung, warum man diese Spiele feierte, wie der Ablauf war und welche Sportarten es gab. Genauso irrelevant sind Kenntnisse über das Leben der alten Ägypter oder Römer. Der Mann als *Paterfamilias* nützt den Kindern nichts, es sei denn, man ordnete diesen Bereich in die Entstehung und Veränderung der Rollen von Frau und Mann über die Jahrhunderte hinweg ein, um darauf basierend zu erkennen, warum es Frauen heute immer noch sehr schwer haben, beruflich als gleichwertig behandelt zu werden, warum Männer sich mit einer weniger zentralen Stellung so schwertun und was wir wie verändern müssen, um hier Gerechtigkeit und Gleichheit herzustellen. Einen solchen epochenübergreifenden Zugang gewährt man den Schüler/innen aber meist nicht. So kann man das Thema nicht produktiv und nachhaltig nutzbar machen, sodass es nicht sinnvoll ist, sich damit zu beschäftigen.

Ich möchte die Frage der Relevanz einzelner Inhalte an einem Beispiel näher erläutern. Bevor die Schüler/innen des Jahrgangs 7 sich dem Absolutismus zuwenden, konfrontiert das Geschichtsbuch sie auf zwei Doppelseiten mit dem Thema Dreißigjähriger Krieg. Das Ganze firmiert im niedersächsischen Schulbuch *Geschichte und Geschehen* unter der Überschrift »Der frühneuzeitliche Fürstenstaat am Beispiel Frankreich«.[8] Dieser Krieg, dessen Beginn sich 2018 zum 400. Mal jährte, soll den Schüler/innen als mit Inhalt gefüllter Begriff bekannt sein. Was aber haben heutige Kinder und Jugendliche von einer Beschäftigung mit diesem europäischen Krieg? Wo genau liegt seine Relevanz für die Schüler/innen, die von seiner Relevanz für eine Gesellschaft allgemein, die von Historikern auf einer außerschulischen Ebene geklärt wird, unterschieden werden muss?

Der Dreißigjährige Krieg war ein Kampf um die Macht in Europa und im Heiligen Römischen Reich Deutscher Nation, der als religiöse Auseinandersetzung begann. Die Schüler/innen wissen aber bereits, dass es bei Auseinandersetzungen, auch kriegerischen, in aller Regel um die Machtfrage geht, ob nun auf weltlicher oder geistlicher Ebene oder zwischen den beiden. Dies konnten sie während der Beschäftigung mit dem Mittelalter lernen. Insofern bietet der Dreißigjährige Krieg ihnen nichts fundamental Neues. Es muss also andere Gründe für die Beschäftigung mit diesem Ereignis geben. Und die Frage nach diesen Gründen ist die für die Schüler/innen entscheidende, allerdings führen die zu bearbeitenden Arbeitsaufträge sie nicht zu ihrer Beantwortung.

Der Historiker Georg Schmidt sieht es als große Leistung dieses Krieges an, »dass man auf dieser Erde mit diesem Kriegsgeschehen plötzlich einsieht, dass man tatsächlich Mitteleuropa zu einer Wüste machen wird, wenn die Menschen nicht anfangen, Frieden zu schließen und über den Frieden ernsthaft zu verhandeln«.[9] Das Wichtigste, das den Krieg auszeichne, sei, »dass aus einem gottgewollten Krieg ein Frieden als Menschenwerk wird«. Allerdings sei es schwierig, Parallelen mit der modernen Zeit zu ziehen, gerade im Hinblick auf den Nahen Osten.

Die Übertragbarkeit der Lehren des historischen Krieges auf den Nahostkonflikt wird auch in einem Beitrag des *Deutschlandfunks* vom 28. Dezember 2017 mit dem Titel »Der

Dreißigjährige Krieg und seine Lehren: Historisches Vorbild für den Nahost-Konflikt?«[10], in dem Fachwissenschaftler diskutieren, zurückhaltend bewertet.

Wenn sich sogar die Fachwelt mit den Lehren aus historischen Ereignissen für die heutige Zeit schwertut, ist eine Beschäftigung mit diesem Thema klar infrage zu stellen. Den Dreißigjährigen Krieg nur um seiner selbst willen zu kennen, ist kein hinreichender Grund. Stellte man vielleicht auf die Bedeutung des Krieges für Frankreich und den dortigen Absolutismus ab, der im weiteren Verlauf Thema des Unterrichts sein soll, könnte man für Schüler/innen noch einen sinnvollen Zusammenhang herstellen. Doch das genau macht das Buch nicht. Hier steht der Krieg isoliert vom Absolutismus.

Man muss dem Curriculum Geschichte des Landes Niedersachsen zugutehalten, dass es bereits Ansätze zeigt, sich auf für den modernen Menschen Wesentliches zu konzentrieren. So wird beispielsweise der Weg zum deutschen Nationalstaat stark zusammengestrichen und nur noch ein Längsschnitt bis zur Reichsgründung 1871 erwartet. Im Schulbuch meiner Kinder finden sich folgerichtig die drei Einigungskriege nicht mehr.

Weitere historische Themen, denen wir den obligatorischen Status nehmen könnten, wären die Steinzeit, Ägypten, die Kirchenspaltung am Ende des Mittelalters, um nur ein paar zu nennen. Würde man sich intensiv bemühen, hier zu streichen, kämen noch deutlich mehr hinzu. Bei aller Bedeutung des Faches Geschichte an sich.

Ein bestimmtes Grundgerüst zu schaffen, das für ein Verständnis der heutigen Zeit mit ihren Problemen, Errungenschaften und Herausforderungen notwendig ist, jedoch möglichst klein gehalten werden sollte, ist die Aufgabe des Geschichtsunterrichts. Die Kinder und Jugendlichen sollten befähigt werden, die Zeit, in der sie leben, erfolgreich zu meistern und die Menschheit positiv voranzubringen. Vertiefte historische Kenntnisse benötigt man dafür nicht. Warum? Weil sehr viele Menschen ohne diese Kenntnisse auskommen und dennoch aktiv und erfolgreich am gesellschaftlichen Leben teilnehmen. Wen die in der Schule erzwungene Vertiefung nicht interessiert, dem bleibt sie sowieso nicht nachhaltig im Gedächtnis haften.

Was keine Nachhaltigkeit erzeugt, kann nicht besonders relevant sein. Insofern sollten wir genau überlegen, was Schüler/innen historisch wirklich wissen und vor allem in ihren Zusammenhängen und Bedeutungen für heute verstanden haben sollten. Alles andere muss nicht aus der Schule verschwinden, aber es sollte lediglich fakultativ sein für diejenigen, die ein ausgeprägtes Interesse am Fach Geschichte und dessen Themen entwickeln. Dieser Anspruch muss für alle Fächer gelten. Nehmen wir beispielsweise ein Fach, das in der Schule, gemessen an den Wochenstundenzahlen, von jeher stiefmütterlich behandelt wird: Erdkunde.

Auch dieses Fach ließe sich inhaltlich noch weiter zusammenstreichen. Selbstverständlich gibt es einige Themen, die für unsere Kinder unverzichtbar sind, wollen sie auch in Zukunft noch auf einem lebenswerten Planeten leben. Sich mit dem Thema Klima in all seinen Facetten auseinanderzusetzen, ist von großer Bedeutung und darf auf keinen Fall außer Acht bleiben. Aber muss man wissen, wie aus einem Luftbild eine Karte entsteht? Vielleicht ist die Fähigkeit, eine Karte zu lesen, selbst im Zeitalter von Navigationsgeräten, Google Earth und Map noch sinnvoll, aber muss ich wirklich selbst in der Lage sein, eine Karte zu zeichnen? Wie sinnvoll ist es, sich über viele Seiten hinweg mit städtischen und ländlichen Räumen zu beschäftigen, mit dem Unterschied zwischen Dorf und Stadt, mit den Vierteln einer Stadt und ihrer Beziehung zum Umland und mit dem Leben auf dem Land früher und heute? Bereits im fünften und sechsten Schuljahr ließe sich im Fach Erdkunde eine Menge einsparen.

Natürlich wissen unsere Kinder bereits vor dem Eintritt in die weiterführende Schule, was Gewässer, Gebirge, Städte und Staaten usw. sind. Müssen sie dennoch jeden einzelnen Fluss in Deutschland und seine geografische Lage kennen? Wie wichtig ist es, auf einer Karte die Städte Cottbus, Erfurt, Köln oder Augsburg zu finden? Wie dramatisch ist es in einer leeren Karte, in der die Städte nur durch Punkte gekennzeichnet sind, Mannheim als Ludwigshafen oder womöglich als Heidelberg zu kennzeichnen? Immerhin liegen diese Städte sehr dicht beieinander. Bei der Anzahl der Städte, deren Namen und geografische Lage die Schüler/-innen lernen müssen, ist die Dramatik dieses kleinen Vertauschens zu vernachlässigen. Man darf nicht vergessen, dass Schüler/innen, die solche Aufgaben nur ausreichend oder mangelhaft erledigen, nicht unbedingt leistungsschwächer sind oder sich derartige Dinge weniger gut merken können. Sie sehen oft einfach keine Bedeutung in solch einem Wissen. Und ich gebe ihnen recht.

Kennen Sie noch die Grundzüge naturgeografischer Kreisläufe wie Wasserkreisläufe und Gesteinskreisläufe? Können Sie die einzelnen Küstenformen aufzählen und auseinanderhalten? Sind Sie in der Lage, mir die einzelnen Talformen zu benennen und deren Form zu beschreiben? Hat das überhaupt jemals für Sie eine Rolle gespielt? Wie stark war die Begeisterung bei Ihnen und Ihrem Kind, als Sie durch die Landschaft liefen und es auf einzelne Elemente der glazialen Serie hinwiesen? Wie wichtig ist es für Kinder und Jugendliche, einzelne Lawinenarten zu unterscheiden, insbesondere wenn man nicht im Hochgebirge wohnt und womöglich auch im Winter nicht dorthin fährt?

Wenn wir auf all dieses Wissen nur sehr kurzfristig, nämlich um den Zeitraum der Klassenarbeit herum, nach Jahren aber nicht mehr zugreifen können, warum sollen Kinder und Jugendliche sich dieses Wissen dann aneignen? Wenn es aber keine Bedeutung für sie hat, dann wird eine Beschäftigung damit für alle zur Verschwendung von Zeit, Energie und Kompetenz.

Ich behaupte nicht, der Mensch müsse nichts wissen und es reiche aus, wenn er über ein kleines Gerüst an Wissen verfüge. Das wäre zu pauschal und vereinfachend. Ich sage vielmehr, dass das Wissen, über das der einzelne Mensch verfügen sollte, auf einem kleinen Gerüst für alle beruhen und, darauf aufbauend, extrem individuell sein sollte. Für jeden

Menschen ist unterschiedliches Wissen von Bedeutung und notwendig. In einer Welt, die über ein derart enormes und stetig expandierendes Wissen verfügt wie die unsere, ist es höchste Zeit, uns davon zu verabschieden, dass alle Kinder und Jugendlichen über ein umfangreiches homogenes Wissen verfügen müssen, ein Wissen, das in vielen Teilen nicht mehr zeitgemäß und wenig relevant ist.

Neben einem Grundwissen, das deutlich geringer ist als das vertiefte gymnasiale Wissen, sollten junge Menschen selbst entscheiden, über welches Wissen sie verfügen wollen. Es ist absurd, jemanden nur wegen persönlicher Vorlieben, Neigungen und Talente von einem Bildungsweg auszuschließen, weil man auf der Aneignung viel zu umfangreichen gleichen Wissens besteht.

Ich bin überzeugt, dass, selbst wenn wir freiwillig darauf verzichten, bestimmte Themen und womöglich auch Fächer verbindlich für alle zu unterrichten, weder diese Fächer noch die Themen aus der Schule verschwinden werden. Sicherlich werden nicht mehr alle Schüler/innen über alle Themen Bescheid wissen. Das ist aber weder schlimm noch bedauerlich. Wer ein Interesse an der naturräumlichen Entwicklung Deutschlands hat, wird sich freiwillig mit der glazialen Serie auseinandersetzen und diese am Ende korrekt beschreiben und benennen können. Er wird sich womöglich fragen, warum Flüsse so aussehen und fließen, wie sie es tun, und welche Auswirkungen dies auf die unmittelbar umgebene Landschaft hat. Er wird sich damit beschäftigen, warum der Mensch in diese Flussläufe eingegriffen und warum er sein Eingreifen teilweise wieder rückgängig gemacht hat. Er wird verstehen, warum Frankfurt am Main oder auch an der Oder so heißen und gleichzeitig automatisch lernen, wo sowohl Main und Oder als auch die beiden Städte liegen. Er wird dies tun, weil er von einer einfachen Frage zu einer komplexeren kommt. Und er muss sich nicht scheuen, dieser komplexen Frage nachzugehen und weitere, noch komplexere zu stellen, weil er bei alledem nicht Gefahr läuft, für Ungenauigkeiten, für anfängliches Nichtwissen, für Teilwissen und Vergesslichkeit, für Fragen, und seien sie auch noch so abstrus, bewertet, benotet, be- und verurteilt zu werden. Weil das Wissen über diese Dinge seine Bedeutung aus den Dingen heraus entwickelt und nicht aus einer über die Zukunft entscheidenden Note, wird sich die gemachte Erkenntnis wesentlich nachhaltiger im Kopf und im Leben festsetzen, als dies im herkömmlichen Schulsystem der Fall ist. Indem ich zulasse, dass Fächer, Themen und Inhalte nicht für alle wichtig und lernenswert sein müssen, erhalten sie für einige eine größere Bedeutung, vor allem für jene, die auf sie stoßen, weil es in der logischen Konsequenz ihres individuellen Lernprozesses liegt und nicht auf den Wunsch der Lehrkraft und der Schulbürokratie zurückgeht.

Wir sollten keine Angst vor der Unsicherheit haben, dass viele Menschen über viel unterschiedliches Wissen verfügen. Auch nicht bei unseren Kindern und Jugendlichen. Sie und die Zeit entscheiden am Ende sowieso selbst, welches Wissen für sie relevant und notwendig ist.

NOCH MEHR UNNÜTZES

Wenn wir auf die Welt kommen, können wir kein Wort sprechen. Wir verstehen die Welt um uns herum nicht einmal ansatzweise. Unser Körper reagiert instinktiv. Irgendwann lernen wir zu verstehen, was uns die Menschen, insbesondere unsere Eltern, sagen. Und obwohl wir nicht in der Lage sind zu sagen, was die Eltern von uns wollen, wissen wir genau, was zu tun ist.

Mit anderthalb bis zwei Jahren sprechen kleine Kinder noch nicht allzu viel. Meist einsilbige Wörter der ganz einfachen Art. Aus *Buch* wird *Bu*, aus *Moritz* wird *Mo*. Auch *Mama* und *Papa* können sie schon sagen.

Im weiteren Verlauf ihres Lebens lernen Kinder dann, besser zu sprechen, wobei die anfänglichen Wortkonstruktionen äußerst abenteuerlich sind und von Kind zu Kind sehr verschieden. Besonders interessant ist, dass Kinder ein Wort anders hören, als sie es sprechen. Und selbst ihr eigenes gesprochenes Wort scheinen sie so zu hören, wie es richtig sein sollte, also so, wie wir Spracherfahrenen es sagen. Mir ist aufgefallen, dass, wenn ich einem meiner Kinder während dieser Zeit das Wort so sagte, wie sie es selbst ausgesprochen hatten, es dieses Wort oft nicht als jenes wiedererkannte, welches es selbst gerade verwendet hatte. Umgekehrt erkennen Eltern oft aus kaum zu verstehenden Silben ihrer Kinder genau die richtigen Wörter, was Außenstehenden meist schwer gelingt. Das bedarf nicht einmal besonderer Übung. Anscheinend sind wir biologisch entsprechend geprägt.

Menschen entwickeln also sehr früh ein gutes Verständnis für Sprache, und auch wenn wir manches nicht fachlich benennen können, sind wir in der Lage, danach zu handeln und es später auch sprachlich umzusetzen. Mit der Zeit werden unsere Wörter mehrsilbig, die *Sätze* bekommen mehr Wörter, bis sie schließlich einen richtigen Satz bilden, und die Sätze werden feiner, komplexer und grammatikalisch richtiger. Irgendwann können wir dann in aller Regel weitgehend grammatikalisch korrekt sprechen und auch schreiben. Und dann lernen wir in der Schule die deutsche Grammatik und Rechtschreibung näher kennen.

Noch ehe wir diesem Schreckgespenst deutscher Sprache begegnen, können wir schon recht gut schreiben und sprechen. Sicherlich machen Kinder und Jugendliche in der Schule noch erhebliche Rechtschreib- und Grammatikfehler. Auch sprachlich müssen sie sich im Lauf der Schulzeit noch verfeinern. Jedoch bezweifle ich, dass auch nur ein kleiner Teil dieser im Lauf der Zeit sich entwickelnden Kompetenz auf der ausführlichen Auseinandersetzung mit der deutschen Grammatik basiert. Der korrekte Gebrauch der Zeitformen ist meines Erachtens unabhängig von dem Wissen um ihre korrekte Bezeichnung. Gleiches gilt für Adverbien, Konjunktionen, Präpositionen, Interjektionen, Attribute, Appositionen, adverbiale Bestimmungen usw. Kaum jemand wird sich hinsetzen und beim Schreiben überlegen, ob er denn noch eine Konjunktion bräuchte oder den Satz mit einer Interjektion aufhübschen sollte. Niemand wird beim Betrachten der Sätze freudig ausrufen, wie schön ein

Pronomen sei und wie elegant es den Satz abrunde. Niemand überlegt, ob einer gerade getätigten Aussage ein Konditionalsatz oder ein Konzessivsatz folgen könne oder solle. Und niemand leitet eine Frage damit ein, ob er denn noch mal schnell einen Interrogativsatz bilden dürfe. Das ist doch die Realität.

Alle diese Elemente der deutschen Sprache benutzen wir instinktiv. Und das ist auch gut so. Eine Beschäftigung damit gehört deswegen nicht in die Schule. Das Lernen dieser Begrifflichkeiten, das Erkennen in diversen Aufgaben, das Benutzen auf Kommando ist langweilig, ermüdend, abschreckend und unnütz für Schüler/innen. Und im Übrigen auch für die meisten Erwachsenen. Wenn man Menschen, insbesondere jungen, den Spaß an der Sprache und ihren mannigfachen Facetten verderben möchte, so braucht man sie bloß mit Grammatik zu malträtieren.

Mit Sprache umzugehen lernt man nicht dadurch, dass man die einzelnen Elemente benennen kann. Man erlernt den Umgang mit ihr durch den Umgang mit ihr. Durch Lesen, Schreiben, Diskutieren, Zuhören. Indem man Sprache anwendet und die eigenen Ausdrucksfähigkeiten stetig verbessert.

An dieser Stelle des Curriculums ließe sich einiges zusammenstreichen. Das Thema Grammatik gehört in der Ausführlichkeit, mit der es im Gymnasium behandelt wird, nicht in die Schule, sondern an die Universität, wo Menschen lehren und lernen, die sich wirklich dafür interessieren und die Spaß an der Beschäftigung damit haben. Für Schüler/innen bietet es keinerlei Vorteil. Zwar werden die Befürworter dieses Themas mir mit zahlreichen Gründen nachweisen, dass ich mich irre, nur sollten diese Gründe an der gelebten Realität und nicht an einer gewünschten Utopie gemessen werden.

Wie steht es mit dem Fach Musik? Sind seine Inhalte wirklich relevant für heutige Schüler/innen? Trotz langjähriger eigener musikalischer Tätigkeit bin ich skeptisch, insbesondere vor dem Hintergrund, dass man benotet wird. Sehen wir uns dieses Schulfach doch einmal etwas genauer an.

Musik leistet gewiss einen »zentralen Beitrag zur ästhetischen Bildung«[11] und eröffnet »Wege zur selbstbestimmten kulturellen Teilhabe«. Sicherlich fördert Musik eine Haltung, die geprägt ist »von Offenheit, Toleranz und gegenseitigem Respekt«, auch wenn eine solche bei so manchem bekannten Musiker nicht auf den ersten Blick zu erkennen ist.

Das Curriculum weist richtigerweise darauf hin, dass Musik bei den Schüler/innen einen hohen Stellenwert hat, weil sie »als soziales Bindeglied zur Gruppe der Gleichaltrigen und zur Gesellschaft dient«. Der Musikunterricht sieht seine Aufgabe folglich darin, »Freude und Interesse an Musik zu wecken«. Was er leider nicht tut. Wunsch und Wirklichkeit klaffen hier weit auseinander, und den Schüler/innen wird durch die Unterrichtsinhalte des Fachs die Freude an der Musik eher genommen.

Dabei sind eine gewisse musikalische Grundbildung und das Heranführen der Kinder und Jugendlichen an Musik sicherlich sinnvoll. Vielen Schüler/innen wird die Freude jedoch mit der Analyse »instrumentaler und vokaler Besetzungen«[12] und der Erklärung »ihrer gestaltenden Funktion« genommen. Auch das Erlernen der Dur- und Moll-Tonleitern mithilfe des Quintenzirkels kann zur Qual werden. Den allerwenigsten von uns hat das Wissen um Tonleitern und Dreiklänge in ihrem Leben geholfen. Nur wenige Menschen benötigen Kenntnisse über Synkopen und Triolen, über Dreiklänge, Akkorde, Kadenzen, Konsonanzen und Dissonanzen. Eine Partitur lesen und auf ihrer Grundlage eine Hörerwartung formulieren zu können, hat mir – und ich vermute stark: den meisten Menschen – noch in keiner Weise im Leben wirklich weitergeholfen, noch habe ich es nach meiner Schulzeit jemals angewandt. Ich finde es mühsam und langweilig, und für mich persönlich verliert das analysierte Musikstück an Reiz. Mein Hörgenuss geht mit der Analyse verloren.

Müssen wirklich alle Kinder und Jugendlichen wissen, was ein Rondo, eine Fuge oder eine Sinfonie ist? Wie oft haben Sie Ihr Kind nach gemachten Hausaufgaben sagen hören, es würde zur Entspannung jetzt gerne ein Rondo hören, denn eine Fuge würde es nur aufwühlen? Wie viele Kinder beglücken ihre Eltern zu Weihnachten mit einer selbst geschriebenen Sinfonie? Wie oft wird beim Mittagessen über Thema, Motiv, Pattern, Phrase oder Sequenzen verschiedener Musikstücke im Vergleich zueinander gesprochen?

Schule formuliert selbst den Anspruch, Allgemeinbildung zu vermitteln, und das Gymnasium, des Deutschen liebste Schule, eine vertiefte Allgemeinbildung. Ob das eben Beschriebene und weitere Inhalte wirklich unter diese Kategorie fallen, ist fraglich und ich bezweifle es. Ich denke viel eher, dass es Dinge sind, die Menschen freiwillig lernen wollen, weil sie ein intrinsisches Interesse daran haben. Ob dieses Lernen in der Schule oder woanders stattfinden sollte, ist diskussionswürdig.

Für die allermeisten Menschen hat die vertiefte Kenntnis über Musik kaum oder gar keine Bedeutung. Sie erfreuen sich an ihr und entwickeln einen persönlichen Musikgeschmack, der vielfältig oder auch eindimensional sein mag, der jahrzehntelang konstant bleibt oder sich stetig verändert. Manche probieren sich an einem oder mehreren Instrumenten aus, entwickeln Vorlieben und trainieren ihr Können bis zur Perfektion. Der eine oder andere aus dieser letzteren Gruppe mag anfangen, Musikstücke zu sezieren, weil er ein grundlegendes Verständnis dafür entwickeln und auch eigenen Stücke schreiben möchte. Wer das will, der wird sich selbstständig dafür die notwendigen Kenntnisse aneignen und mit ihnen entsprechend professionell umgehen können. Für ihn sind sie notwendig und Schule sollte ihn dabei unterstützen. Für alle anderen sind solche Kenntnisse ohne Wert. Wertvoller wäre es da allemal, jedem Kind in der Schule die Möglichkeit zu geben, ein Instrument zu erlernen. Praktische Anwendung ist spannender, macht mehr Spaß und ebnet den Weg zur Theorie von ganz allein.

Was für das Fach Musik gilt, gilt in ähnlicher Weise auch für das Fach Kunst, ein weiterer Exkurs erübrigt sich daher an dieser Stelle.

Ich habe bereits gezeigt, dass man auch in den Hauptfächern nicht nur verbindliche Inhalte streichen, sondern die Verpflichtung für alle sogar beenden kann.

Auf die Wichtigkeit der ersten Fremdsprache Englisch hingegen möchte ich hier noch einmal deutlich hinweisen. Solange die englische Sprache als Leitsprache für alle Nationen fungiert, ist es unumgänglich, sie zu erlernen. Der fließende Umgang mit ihr muss dabei an oberster Stelle stehen. Aufgabe des Unterrichts muss sein, Schüler/innen die Angst vor der Sprache zu nehmen – Fehler müssen erlaubt sein, auch in der Aussprache –, die Freude an der Sprache zu wecken und das trockene Büffeln von Grammatik aus dem Unterricht zu verbannen. Dass man auch ohne dieses Grammatikbüffeln eine Sprache in nur wenigen Monaten beherrschen kann, beweisen alle Kinder und Jugendlichen, die sich bei Auslandsaufenthalten in kurzer Zeit sicher in der Landessprache bewegen. Diesen Umstand müssen wir für Unterricht nutzen und können getrost auf die langweilige Grammatik verzichten, die einem die Sprache am Ende nur verleidet. Wenn man Freude erzeugen will, muss man auch seinen Unterricht und die Inhalte darauf ausrichten.

Wie sieht es mit den sogenannten MINT-Fächern, also Mathematik, Informatik, Naturwissenschaften und Technik, aus?

Lernen wir dort nur für das Leben Relevantes? Die Mengenlehre hat gezeigt, dass dies nicht so ist. Nun, es ist dennoch unbestreitbar, dass mathematische Fähigkeiten und Kenntnisse von fundamentaler Bedeutung sind. Im Gegensatz zu vielen anderen gelernten Sachverhalten begleitet uns die Mathematik ein ganzes Leben lang. Immer wieder nutzen wir die Kenntnisse und Fähigkeiten, die wir im Unterricht erworben haben. Die wichtige Rolle, die der Mathematik auch im Alltag zukommt, bedeutet jedoch nicht, dass man als Schüler/in jedes mathematische Feld beackert haben muss. Die Alltagsmathematik beschränkt sich ja weitgehend auf die vier Grundrechenarten, Bruchrechnung, Geometrie und den Umgang mit Maßen und Gewichten. Darüber hinaus benötigen wir im Alltag nur wenige mathematische Fertigkeiten. Daher kann auf viele verpflichtende Inhalte in der weiterführenden Schule durchaus verzichtet werden. Es muss hier sehr genau geprüft werden, was wirklich benötigt wird. Ich glaube, wenn man spezielle mathematische Kenntnisse stärker mit einer lebensrelevanten Anwendung, etwa in einem fächerübergreifenden Projekt, verbinden würde, würden sich viele Schüler/innen viel eher damit beschäftigen und dafür begeistern. Außerdem könnte man erkennen, welches mathematische Wissen nicht für alle verbindlich sein müsste.

Während man den Bereich der Informatik, die seit vielen Jahren tief in unser Leben eingedrungen ist, noch deutlich erweitern müsste, könnten hingegen in den Naturwissenschaften die Verbindlichkeiten mancher Themen für alle deutlich reduziert werden. Ob jeder Schüler den genauen Aufbau einer Zelle kennen, die verschiedene Arten unterscheiden und ordnen oder das Grundprinzip des technischen Klonens beherrschen muss, kann man genauso diskutieren wie die Frage, ob das Beschreiben der Energiebilanz des Lösungsvorgangs von Salzen mithilfe der Gitterenergie und der Hydrationsenergie für alle von Bedeutung ist.

Es gibt in der Schule sehr viel Potenzial für Einsparungen bei Inhalten, die für alle verpflichtend sind. Dabei sollte man vor keinem Fach haltmachen. Das Augenmerk muss stets auf der Verpflichtung für alle liegen. Diese zu reduzieren bedeutet nicht, Inhalte gänzlich aus der Schule zu verbannen. Es heißt lediglich, diese Inhalte jenen zur Verfügung zu stellen, die sich dafür entscheiden. Womit sich die Chance eröffnen würde, die möglichen Inhalte deutlich zu erweitern und Themen in die Schule zu bringen, die wir dort heute noch nicht finden. Es bedeutet, Wissen stärker zu individualisieren und zu dynamisieren, es also an den Bedürfnissen unserer Kinder und deren Zukunft auszurichten und nicht an unseren.

WIE DAS LERNEN DER ZUKUNFT AUSSEHEN MUSS

Das Jahr 2008 war kein gutes Jahr für unsere Kinder und Jugendlichen, jedoch ein hervorragendes für unser derzeitiges Schulsystem und ganz besonders für unsere Gymnasien und deren Lehrkräfte. Im Jahr 2008 veröffentlichte der neuseeländische Bildungsforscher John Hattie sein Buch *Visible Learning*, in dem er sich mit der Frage nach gutem Unterricht auseinandersetzt. Mit einem ungeheuren Aufwand – er wertete über viele Jahre hinweg mehr als 800 Metaanalysen und mehr als 50 000 Einzeluntersuchungen mit 250 Millionen Schüler/innen aus – versuchte er, die Frage zu beantworten, was denn nun eigentlich guter Unterricht sei. Ein löbliches Ziel mit fatalen Folgen, insbesondere für das deutsche Schulsystem. Denn aller vielfältigen Forschung zum Thema Bildung und Entwicklung von Kindern und Jugendlichen und den vielen Erfolgen alternativer schulischer Wege zum Trotz fanden sich in seinem Fazit über guten Unterricht Elemente, die unseren Schulen, insbesondere dem Gymnasium, in die Hände spielten und ein Nährboden für den trotzigen Konservativismus des Systems Schule waren.

Trotz vieler sehr guter Erkenntnisse sorgte Hattie mit seiner Studie dafür, dass die Lehrer/innen sich in ihrer Weigerung, moderne Lernformen verstärkt zu implementieren, bestätigt fühlten. Mit dem Slogan »Auf den Lehrer kommt es an!« wurde der lehrerzentrierte Unterricht wieder salonfähig, denn der Neuseeländer hatte herausgefunden, dass ein starker, lehrergeleiteter Unterricht für die Lernerfolge der Schüler/innen von Vorteil ist. Dass es einen Unterschied zwischen lehrergeleitetem und lehrerzentriertem Unterricht gibt, wird allerdings gerne übersehen.

Auch regelmäßige Leistungsüberprüfungen gehörten angeblich zu den Konzepten erfolgreichen Lernens in Schulen. Übergangen wurde dabei gerne, dass Sitzenbleiben keineswegs förderlich für den Lernerfolg unserer Schüler/innen sei.

Wir Lehrer/innen fühlten uns nach all der Kritik in den vielen Jahren der ideologischen Grabenkämpfe im Bereich Bildung, nach der Kritik durch die PISA-Studie nun endlich in unserer Art und Weise des Unterrichtens bestätigt. Endlich attestierte uns jemand, dass wir an unseren Schulen unsere Arbeit gar nicht so schlecht machten. Gerade für Gymnasiallehrkräfte war es eine Genugtuung und relativierte gleichzeitig die Kritik am angeblich reformunfähigen Gymnasium.

Unseren Schulen hingegen tat das Lob überhaupt nicht gut, denn nun hatte das System eine Studie an der Hand, die es ermöglichte, sämtliche sinnvollen Veränderungsvorschläge mit dem oberflächlichen Verweis auf die Ergebnisse aus Neuseeland abzuschmettern. Vor dem Hintergrund, dass ohnehin kaum jemand etwas auf wissenschaftliche Erkenntnisse über Bildung gab, war das eine Katastrophe.

Die Hattie-Studie hat den Befürwortern einer anderen und besseren Schule als unserer heutigen einen großen Schaden zugefügt. In gewisser Weise hilft sie, das bestehende System zu zementieren, welches sich sowieso schon unfähig zur grundlegenden Erneuerung zeigt. Insofern bleibt uns nichts anderes übrig, als die Schule, wie wir sie heute kennen, abzuschaffen. Ohne einen radikalen Schnitt mit anschließendem Neuaufbau ist die Bildungsrevolution, die Deutschland dringend benötigt, um nicht nur im 21. Jahrhundert anzukommen, sondern sich auch für die Zukunft ausreichend zu rüsten, nicht umsetzbar. Ich bin nicht der Erste und auch nicht der Einzige, der diese Notwendigkeit einer Bildungsrevolution sieht. Aufgrund der Erfahrungen, die ich in den letzten gut 20 Jahren in der Schule mit den Schüler/innen, in der Schulverwaltung und mit meinen eigenen Kindern gemacht habe, bin ich mehr als überzeugt, dass eine Revolution nicht mehr warten kann. Dabei bin ich nicht nur getrieben von den Sorgen, die meine Frau und ich uns als fürsorgliche Eltern machen, sondern auch von den individuellen Schicksalen und Persönlichkeiten der Schüler/innen, die ich in der Schule kennenlernen durfte.

Trotz anderslautender Beteuerungen ist die heutige Schule nicht für die Schüler/innen da, sondern folgt lediglich einem Selbstzweck. Dieser Selbstzweck besteht darin, ein über Jahrzehnte und Jahrhunderte gewachsenes bürokratisches Monster weiter am Leben zu erhalten. Er besteht darin, die Persönlichkeit und vermeintliche Kompetenz der beschäftigten Lehrkräfte zu polieren. Vielen Lehrkräften dient die Schule lediglich dazu, sich der eigenen Fachkompetenz zu vergewissern. Aber die Schule ist weder für den Staat noch für die Lehrkräfte und ihre Interessenverbände da, sondern ausschließlich für die Kinder und Jugendlichen. Aus diesem schlichten Grund hat sich die Schule in ihrer Art und Weise, in ihrem Aufbau und ihrem Ziel an den Bedürfnissen der Schüler/innen zu orientieren. Dazu muss sie sich immer wieder neu definieren und an die notwendigen Gegebenheiten der Zeit anpassen. Dieser Anpassungsprozess mag schwierig sein, aber er ist überfällig, denn die Schule in Deutschland hat es seit Jahrzehnten versäumt, sich an der veränderten Umgebung, den dynamischen Gesellschaftsprozessen, den technischen Neuerungen und wissenschaftlichen Erkenntnissen auszurichten. Würden Schüler/innen derart schlampig arbeiten, wie es die Schulbürokratie, die Schule und ihre Lehrkräfte, die Lobbyisten sowie die verantwortlichen Schulpolitiker/innen seit vielen Jahren tun, dann blieben sie reihenweise sitzen.

Deutschland ist ein hoch entwickeltes Land, mit Menschen voller Potenzial. Obwohl die Schule und die für sie Verantwortlichen davon überzeugt sind, mit ihrem System diese Potenziale zu fördern und zu entwickeln, leisten sie genau das nicht. In vielen Fällen unterdrückt und verkennt die Schule außerordentliche Potenziale. Sie demotiviert und nimmt den Schüler/innen den Spaß am Lernen und Arbeiten. Das muss sich ändern. Und zwar besser gestern als heute.

Was aber genau muss geändert werden? Wie soll die Schule aussehen, die unser Land auch im Bereich von Bildung und Schule ins 21. Jahrhundert befördert und die Kinder und Jugendlichen zukunftsfähig macht?

Im ersten Teil dieses Buches habe ich bereits so manche notwendige Veränderung angedeutet. Beruhigen sollte uns, dass wir das Rad nicht neu erfinden müssen. Viele wirklich gute Vorschläge, Ansätze und Konzepte sind seit Langem bekannt und wurden vielfach praktisch umgesetzt. Laborschulen, Montessorischulen, Waldorfschulen, Jenaplan-Schulen, Khan Academy, um nur die bekanntesten zu nennen, arbeiten von jeher mit neuen pädagogischen Konzepten und Ideen. So manches davon ist sogar schon vereinzelt an öffentlichen Schulen erprobt worden, sodass sich uns hier große Chancen eröffnen. Wir können diesen revolutionären Weg ohne Angst beschreiten. Es sollte uns vielmehr ermutigen, für alle Kinder das zu fordern, was bislang nur wenigen privilegierten vorbehalten ist.

Dabei müssen auch diese pädagogischen Konzepte stets dynamisch bleiben. Was für die eine Schule gut und möglich ist, mag sich für eine andere als weniger praktikabel erweisen. Dennoch bin ich überzeugt davon, dass einige Grundelemente für alle neuen Lernorte in unserem Land gelten sollten. Dabei steht eines völlig außer Zweifel: Eine Veränderung der öffentlichen Schulen ist notwendig, und die Veränderung muss diese Schulen in ihren Grundfesten erschüttern und erneuern. Es kann und darf nicht sein, dass lediglich privilegierte Schüler/-innen von privaten und wenigen Modellschulen in den Genuss besonderer, auf ihren Bedarf und ihre Zukunftsfähigkeit ausgerichteter pädagogischer Konzepte kommen, während diese der Mehrheit der Schüler/innen an den öffentlichen staatlichen Einrichtungen verweigert werden. Insbesondere die Gymnasien verhindern die notwendige, pädagogisch sinnvolle, an unseren Kindern und ihren Bedürfnissen ausgerichtete Veränderung der gesamten deutschen Bildungslandschaft. Es ist eben nicht damit getan, an dem einen oder anderen Schräubchen zu drehen. Der Wandel muss ganzheitlich sein. Während alle anderen Schulformen gezwungen sind, sich pädagogisch zu öffnen, verweigert das Gymnasium diese Öffnung weitgehend und hindert so alle anderen Schulformen daran, progressiv voranzuschreiten. Das dürfen wir nicht zulassen, denn die Leidtragenden dieses Reformunwillens sind unsere Kinder und damit die Zukunft unseres Landes.

Die notwendigen Veränderungen, die ich in den folgenden Kapiteln beschreibe, müssen die gesamte staatliche Schullandschaft erfassen, insbesondere die weiterführenden Schulen. Unsere Grundschulen sind wesentlich veränderungswilliger und den weiterführenden Schulen viele Schritte voraus. Es wird Zeit, dass die letztere Gruppe aufholt.

Viele der skizzierten Anregungen stammen nicht von mir, und manche Leser/innen werden die eine oder andere Idee bereits kennen. Ich verzichte mit Absicht in den folgenden Kapiteln darauf, jedes Mal auf den Ursprung hinzuweisen.

Als ausgebildeter Gymnasiallehrer waren einige dieser pädagogischen Konzepte für mich lange Zeit allein von der schulischen Seite her tabu. Und obwohl ich während der

Ausbildung mit ihnen in Berührung kam, muss ich gestehen, dass ich ihnen keine große Beachtung schenkte. Womit ich mich in der Gesellschaft vieler Tausend Kolleg/innen befinde, was kein Ruhmesblatt für die Lehrerschaft ist.

Ich muss zugeben, dass es erst der langjährigen Auseinandersetzung mit der schulischen Praxis vor Ort und mit meinen eigenen Kindern bedurfte, um meine Perspektive zu ändern. Auch viele Gespräche und die Arbeit mit visionären Kolleg/-innen halfen, meinen Blick hinsichtlich des allgemeinen Lernens unserer Kinder und Jugendlichen zu öffnen und zu verändern. Insofern beruhen die folgenden Ausführungen auf meiner Erfahrung in der Schule und der Einsicht, was sich ändern muss. Ich selbst bin dankbar, dass es einen hervorragenden Pool an Ressourcen gibt, auf die wir bei der Erneuerung unserer öffentlichen Bildungseinrichtungen zugreifen können. Das macht es uns leichter, die überfällige Veränderung so schnell wie möglich herbeizuführen, und es sollte uns die Angst nehmen, denn die Erfahrungen, die mit vielen der Vorschläge bereits gemacht wurden, können nur positiv genannt werden.

Gute Alternativen zum Bestehenden gibt es also genug. Wir müssen nur den Mut aufbringen, sie umzusetzen.

SCHULBILDUNG NEU DEFINIEREN

Bevor wir mit dem Umbau unserer Bildungseinrichtungen beginnen können, müssen wir zuallererst uns selbst ändern. Als Individuen und als Gesellschaft müssen wir unser Verständnis von Schulbildung und dessen, was an Fakten- und Fachwissen in der Schule zu erhalten ist, neu ausrichten. Das veraltete Verständnis von Schule als Belehrungsanstalt, in der Schüler/innen Unmengen von unnötigem und irrelevanten, auf einige wenige Fächer und Lerninhalte reduziertem Wissen aufnehmen müssen, um dafür eine Bewertung zu erhalten, die nichts über ihr lebensrelevantes Können aussagt, muss durch ein modernes Verständnis von Bildung ersetzt werden. Dieses Verständnis darf sich nicht mehr auf die wenigen in Lehrplänen komprimierten Wissensinhalte reduzieren, diese als (vertiefte) Allgemeinbildung deklarieren und glauben, es handele sich um den Stein der Weisen. Vielmehr müssen wir Bildung als das akzeptieren, was sie ist: vielfältig, verschieden, fluid und dynamisch.

Da Schule kein Selbstzweck ist, sondern unsere Kinder auf ein selbstbestimmtes Leben und eine erfolgreiche Teilnahme an der pluralistischen, demokratischen Gesellschaft vorbereiten soll, müssen unsere Bildungsorte diese Attribute selbst abbilden. Von einem begrenzten Fächerkanon mit oktroyierten Inhalten müssen wir zu einer Pluralität an Lernmöglichkeiten gelangen, bei der die Schüler/innen in hohem Maße selbst entscheiden können, in welchem Bereich sie sich wie tief bilden möchten. Wissen, das für eine Klassenarbeit punktuell abgespeichert, dann ausgespien und anschließend wieder vergessen wird, ist kein Wissen. Und Bildung ist es schon gar nicht. Bildung, die natürlich auch auf Wissen beruht, muss nachhaltig sein. Alles andere ist Zeitverschwendung.

Aus diesem Grund müssen wir uns in unseren Bildungseinrichtungen auch von der Ansicht verabschieden, es käme in hohem Maße darauf an, Fachwissen zu erhalten und wiederzugeben. Wie viel Wert in der heutigen Schule darauf noch gelegt wird, zeigen die vielen Arbeiten, in denen Fakten abgefragt und bewertet werden. Ein einschlägiges Beispiel ist das Abfragen von Jahreszahlen im Geschichtsunterricht. Lernen jedoch bedeutet, Fehler zu machen und sie machen zu dürfen, ohne sich dafür in irgendeiner Weise schämen zu müssen oder dafür bewertet zu werden. Wir müssen unseren Kindern wieder die Gewissheit vermitteln, dass sie Fehler machen dürfen.

In der Schule darf es nicht darauf ankommen, Unmengen an Fakten abzuspeichern. Vielmehr sollen die Kinder und Jugendlichen zu eigenständigem Denken befähigt werden. Sie sollen sich mit Problemen auseinandersetzen und Lösungsmöglichkeiten finden und erkennen. Dass dazu Inhalte notwendig sind, steht außer Frage. Doch sie sind nur Mittel zum Zweck und nicht Selbstzweck. Und es spielt am Ende auch keine Rolle, wie viel davon wirklich behalten wird. Diese Gedächtnisleistung muss daher auch nicht bewertet oder benotet werden. Auch Erwachsene behalten nicht immer jedes Detail. Wir schlagen es bei Bedarf einfach nach. Und das ist in Ordnung so. Wir sollten von unseren Kindern nicht etwas erwarten, das wir selbst auch nicht leisten.

In einer Bildungseinrichtung, in der es nicht mehr darauf ankommt, dass alle gleichzeitig einen für alle gültigen umfangreichen Wissenskanon zu einem festgelegten Zeitpunkt präsentieren, ist es nicht mehr notwendig, die Kinder und Jugendlichen nach vermeintlicher Leistungsfähigkeit und nach Alter zu sortieren. Die Bildungseinrichtung der Zukunft kann also nur eine Einrichtung für alle Kinder und Jugendlichen sein, in der das Lernen weder nach Leistungszweigen noch nach Jahrgängen erfolgt. Ein offener Bildungsbegriff macht Selektion unnötig. Vielmehr erkennt er die Unterschiedlichkeiten der Kinder und Jugendlichen an und macht sie sich nutzbar. Warum sollten zwei Schüler, die nach heutiger Definition Hauptschüler und Gymnasiast sind, im Fußballverein gemeinsam kicken, aber im schulischen Sportunterricht nicht? Warum sollten Schülerinnen, die am Nachmittag darüber grübeln, wie sie ihr gemeinsames Pferd am besten versorgen, und dafür einen umfangreichen Plan erstellen, dies in der Schule nicht dürfen? Die heutigen Begründungen für die Auslese dienen nicht den Schüler/innen, sondern ausschließlich dazu, das System zu erhalten.

Inklusion gestaltet sich in unseren heutigen Schulen unter anderem auch deswegen so schwierig, weil wir an dem veralteten und starren System der Schulzweige und Jahrgänge festhalten. Inklusion ist ebenso wie die unterschiedliche Entwicklung unserer Kinder nur schwer und unter großen Abstrichen mit diesem System vereinbar. Und dieses System wird nicht besser, nur weil wir seit Jahrzehnten daran festhalten und es rechtfertigen.

Mit der Veränderung und Erweiterung unseres Verständnisses von Schulbildung machen wir die Dreigliedrigkeit unserer heutigen Schulen überflüssig. Wir leben nicht mehr im militärisch geprägten Obrigkeitsstaat. Wir leben in einer dynamischen Demokratie, in Freiheit und Pluralismus, in einer Welt, die geprägt ist vom technischen Wandel. Unsere Bildungseinrichtungen müssen diese Lebenswirklichkeit widerspiegeln.

UM ACHT UHR IN DIE LERNZELLEN – DAS DARF NICHT SEIN

Als ich vor Jahren ein neues Büro in der Schule bekam, hatte ich das große Glück, dem Verantwortlichen von der Gemeinde über den Weg zu laufen. Ich sprach ihn auf den Bodenbelag für meinen zukünftigen Arbeitsbereich an. Ich erfuhr, dass meine damalige Chefin einen Kunststoffboden in Holzoptik ausgesucht habe, was mir überhaupt nicht gefiel. Zum Glück durfte ich selbst mich dann aber noch für einen Teppichboden entscheiden. Schließlich würde der Bodenbelag dem Raum eine prägende Note geben. Und da ich mich in den nächsten Jahren viel in diesem Raum aufhalten würde, musste er unbedingt eine angenehme Arbeitsatmosphäre haben, in der ich mich wohlfühlte. Mit kaltem Linoleum unter den Füßen wäre ich mir vorgekommen wie in einer zugigen Bahnhofshalle. In so einer Umgebung mag ich nur ungerne arbeiten.

Sosehr wir die Atmosphäre unseres Heims schätzen und viel Wert auf ihre Gestaltung legen, so wenig Mühe geben wir uns, die Orte angenehm zu gestalten, an denen wir viel wertvolle Lebenszeit verbringen. Das beginnt schon mit den Schulen.

Wenn man ein Schulgebäude betritt, möchte man oft auf dem Absatz kehrtmachen und das Gebäude wieder verlassen. Ein kaltes, wenig einladendes Ambiente empfängt einen. Zwar bemühen sich viele Schulen gemeinsam mit der Schülerschaft, den Ort ein wenig angenehm zu gestalten, doch werden damit eher Mängel kaschiert als wirklich beseitigt.

Der Zustand und die Gestaltung vieler Schulen sind ein Armutszeugnis für unser Schulsystem, für die Schulträger und die politisch Verantwortlichen. Bereits an unseren Schulgebäuden kann man ablesen, welch geringen Wert unsere Zukunft, also unsere Kinder und Jugendlichen und ihre Ausbildung, für Staat und Politik hat. Kalte, veraltete und oft auch marode Gebäude sowie veraltete Technik zeichnen viele Schulen in unserem Lande aus. Im Inneren erstrecken sich lange Flure, von denen in regelmäßigen Abständen wenig einladende Lernzellen abzweigen. Und das in einem der reichsten Länder der Welt.

Wie kann man sich in einer solchen Umgebung wohlfühlen? Wie kann man Freude daran finden, neun Monate im Jahr allmorgendlich diese Räumlichkeiten zu betreten und dort die nächsten sechs bis acht Unterrichtsstunden zu verbringen? Oft versuchen die Schüler/innen, diesen unzumutbaren Zuständen mit ein wenig Farbe abzuhelfen, die sie aus eigener Tasche bezahlt haben. Oder sie versuchen, dem Raum mit ein paar Accessoires ein wenig Atmosphäre zu verleihen und ihn in einen Ort zu verwandeln, an dem man es wenigstens einigermaßen aushalten kann. Oft genug werden die Schüler/innen im Übrigen in ihrem Eifer gebremst und dürfen so manche Wünsche nicht umsetzen.

Eine Aussage aber ist völlig klar: Unsere Kinder und Jugendlichen finden die Schulen, in denen sie wertvolle Lebenszeit verbringen, und deren Gestaltung oft nicht angenehm.

Wollen wir Schulen zu einem zukunftsfähigen Ort machen, wollen wir, dass unsere Kinder diese Einrichtungen gerne besuchen, dann müssen wir zuallererst eine angenehme und produktive Lernumgebung schaffen, in der sich die Kinder und Jugendlichen gerne aufhalten. Wir müssen weg von den Lernzellen, die an eine Kaserne erinnern und die man nur ungern betritt. Unsere Kinder sind keine Soldaten. Sie brauchen Schulen mit offenen und freundlichen Räumen, mit Rückzugsorten, wo sie alleine, zu zweit oder in kleineren und größeren Gruppen arbeiten können. Aber auch mit Orten, die Ruhepausen von der Arbeit ermöglichen, wo man in Ruhe ein Buch lesen, sich mit Freund/innen unterhalten, spielen und natürlich auch toben und sich verausgaben kann. Wenn ich heute Schüler/innen in die Pause strömen sehe, wirken sie auf mich oft wie Häftlinge beim Hofgang. Auf ein lautes Signal hin strömen alle wieder in ihre Zellen zurück.

Die Veränderung unserer Schulen muss mit einer radikalen Veränderung der Schularchitektur beginnen. Wir brauchen eine Architektur, die unsere Kinder zum Aufenthalt einlädt und ihnen Raum zur Entfaltung und zum Lernen gibt, die ihre Kreativität fördert und ihren Ehrgeiz anspornt. Räume, in denen sie sich wohlfühlen und gerne Zeit verbringen. Schule darf nicht ein Ort militärischer Ordnung sein, in dem Arbeitssoldaten passgenau für die Wirtschaft abgerichtet werden. Sie muss ein Ort für Freiheit sein, voller Wildheit, voller Eigensinn und voller Möglichkeiten. Und weil Lernen zu wesentlichen Teilen Kommunikation ist, müssen die Räume eine solche Kommunikation ermöglichen und fördern. Heutige Klassenräume, in denen Schüler/innen oft noch in Tischreihen gepfercht werden, unterbinden einen angenehmen Austausch der Schüler/innen – mit ein Grund dafür, warum Lehrkräfte sich häufig über die unzureichende mündliche Beteiligung ihrer Schützlinge beklagen.

Die Technologiekonzerne des Silicon Valley mit ihren Geeks machen uns vor, dass es auch anders und besser geht. Hier definieren Freiheit, Eigenständigkeit und mehr Flexibilität die Arbeitsplätze. Weg vom klassischen Büro, haben die Tech-Konzerne eine Arbeitsumgebung geschaffen, in welcher der Einzelne sich seinen Arbeitsplatz nach den täglichen Bedürfnissen und Wünschen aussuchen kann. Er kann alleine oder zu mehreren arbeiten oder auch seinen Schreibtisch verlassen und entspannt auf einem Sofa arbeiten, sich in Relaxzonen mit Kolleg/innen austauschen oder an der frischen Luft in einer anregend gestalteten Umgebung ein Meeting abhalten. Die anregende Arbeitsumgebung ist ganz auf Kommunikation und Kreativität ausgelegt.

Das Hamburger Meinungsforschungsinstitut Appinio[13] hat im Auftrag des Murmann-Verlags ermittelt, dass auch deutsche Arbeitnehmer sich Arbeitsplätze im Garten oder auf einer Terrasse wünschten sowie Orte zum sozialen Austausch mit Arbeitskolleg/innen. Auch Rückzugsräume seien ihnen wichtig. Laut Fraunhofer-Institut für Arbeitswirtschaft und Organisation IAO[14] erhöht die Zufriedenheit mit der Büroumgebung die Motivation und die Leistung.

Was wir für uns selbst als wichtig und richtig erachten, sollten wir insbesondere unseren Kindern nicht vorenthalten. Anstatt sie stundenlang an kleinen Tischen auf harten, unbequemen Stühlen sitzen zu lassen, sollten wir auch ihnen ermöglichen, sich so zu setzen, zu stellen oder zu legen, wie es ihrer momentanen Verfassung entspricht. Manche schreiben gerne auf dem Boden liegend. Warum nicht? Warum sollten wir das nicht zulassen?

Meine Kinder haben ein eigenes Arbeitszimmer, damit sie ihre Schulaufgaben erledigen können. Doch anstatt still und brav am Schreitisch zu sitzen, verteilen sie sich lieber im Haus, an den Plätzen, die ihnen zum Arbeiten angenehm und wünschenswert erscheinen. Diese Plätze wechseln regelmäßig. Früher tat ich mich schwer damit, dies zuzulassen. Doch seit ich es akzeptiere, geht die Arbeit meiner Kinder schneller, sorgfältiger und ohne mühselige Diskussionen vonstatten.

Auch wissenschaftlich ist erwiesen, dass Kinder bis zum elften Lebensjahr mehr lernen, wenn sie dabei nicht auf einem Stuhl sitzen, sondern variierend selbst entscheiden dürfen, wie und ob sie sitzen, stehen oder liegen wollen. Ab dem 14. Lebensjahr verändert sich das ein wenig. Jugendliche ab

14 Jahren lernen messbar mehr, wenn sie an Stehpulten statt an runden oder ovalen Tischen arbeiten; immerhin lernen sie an solchen Tischen noch deutlich mehr als an rechteckigen.

Was die Bereitstellung der richtigen Arbeitsumgebung betrifft, machen unsere Schulen also seit vielen Jahrzehnten einiges falsch. Die Schulen müssen ansehnlicher, angenehmer, schöner und freundlicher werden. Sie müssen die Arbeit unserer Kinder unterstützen und fördern.

Um das gesamte Potenzial unserer Kinder und der notwendigen neuen und anregenden Lernumgebung zu entfalten, müssen wir die Klassenräume, wie wir sie kennen, auflösen. Diese beengten Lernzellen, die ihren kleinen Gefangenen alle 45 bis 90 Minuten Hoffreigang gewähren, müssen einer offenen und freundlichen Gesamtarchitektur weichen, wie sie auch moderne Konzerne vorleben. Sie müssen den individuellen Bedürfnissen der Kinder und Jugendlichen und dem Lernen in seinen unterschiedlichen Facetten Rechnung tragen. Sie müssen unterschiedliche Bereiche für unterschiedliche Lernmöglichkeiten bereitstellen und dazu einladen, die Schule zu betreten und sich dort über längere Zeit aufzuhalten. Niemand verbringt gern mehrere Stunden in einer Bahnhofshalle oder einem Wartesaal.

Da es in der neuen Lernwelt keine Jahrgangsklassen mehr gäbe, wären Lernzellen auch gar nicht mehr notwendig.

Als ich aus Hessen nach Niedersachsen übersiedelte, musste ich mich an meiner neuen Schule gehörig umstellen. Der Unterricht begann hier bereits um 7:30 Uhr. Ich war zwar einen Beginn um 7:50 Uhr gewohnt, doch die 20 Minuten, die ich nun früher beginnen musste, hatten erhebliche Auswirkungen auf meinen persönlichen Arbeitsrhythmus und damit auf meine allmorgendliche Konzentrationsfähigkeit. Zwar bin ich ein Frühaufsteher, komme aber erst ab etwa neun Uhr richtig in Schwung.

Vielen Schüler/innen geht es nicht anders. Einige sind frühmorgens extrem müde, andere bemühen sich mit Erfolg, munter und produktiv zu sein, wieder andere bersten schier vor Energie.

Wir Menschen sind bei aller Gleichheit sehr verschieden. Deshalb sollten wir auch hinsichtlich des Unterrichtsbeginns in den neuen Lerneinrichtungen mehr Flexibilität zeigen und auf die Bedürfnisse und Besonderheiten der Menschen, für die diese Einrichtungen da sind, eingehen. Denkbar wäre eine Art Gleitzeit, wie sie in vielen Behörden und Unternehmen seit Langem üblich ist. Es gibt bereits Schulen, die sie erfolgreich eingeführt haben, beispielsweise das Gymnasium in Alsdorf bei Aachen. Hier haben die Schüler/innen die Möglichkeit, statt um acht Uhr morgens erst um 8:50 Uhr anzufangen. Nachdem man dieses Modell erfolgreich in der Oberstufe getestet hatte, überlegte man, es auch auf die Mittelstufe auszudehnen.

Hintergrund waren Forschungen von Chronobiologen, die untersucht hatten, wann Kinder und Jugendliche besonders nachhaltig und gut lernen. Demnach können Kinder bis zum 13. Lebensjahr zwischen acht und zehn Uhr sowie zwischen 14 und 16 Uhr besonders gut lernen. Bei pubertierenden Jugendlichen verschiebt sich der Biorhythmus nach hinten. Ab etwa dem 14. Lebensjahr können Jugendliche am besten zwischen zehn und zwölf Uhr sowie noch einmal zwischen 15 und 17 Uhr lernen. Den Chronobiologen zufolge befinden sich die Jugendlichen zwischen sechs und acht Uhr theoretisch in ihrer zweiten Tiefschlafphase. Doch in der Praxis zwingt die Schule sie, just in dieser Zeit aufzustehen und sich zur Schule zu begeben. Wir berauben die Jugendlichen also nicht nur ihres erholsamen und für ihre Gesundheit wichtigen Tiefschlafs, wir fordern sie gleichzeitig auf, zu einem Zeitpunkt Lernleistungen zu erbringen, zu dem sie sie, biologisch bedingt, einfach nicht erbringen können. Diesen Mangel, den die Jugendlichen nicht zu vertreten haben, benoten wir am Ende dann auch noch.

Wir müssen die Erkenntnisse der Chronobiologie nutzen, um das Lernen erfolgreicher zu gestalten. Wir sollten es Schüler/innen ermöglichen, morgens innerhalb eines Zeitfensters von acht Uhr bis 9:30 Uhr in die Schule zu kommen. Wenn man den Morgen nicht mit starrem Unterricht, sondern mit offenen Lernformen beginnt und diese über den Tag hinweg fortsetzt, dürfte das kein Problem sein. Einer Projektgruppe kann man sich durchaus erfolgreich und produktiv auch später noch anschließen.

Die zweite Hochleistungsphase der Kinder und Jugendlichen nutzen wir in deutschen Schulen im Übrigen so gut wie gar nicht, weil es sich zumeist noch um Halbtagsschulen handelt. Wie sie die zweite gute Lernphase nutzen, überlassen wir den Kindern und Jugendlichen zu Hause.

Viele Schulen, Schulverantwortliche und Politiker/innen ignorieren die Ergebnisse der chronobiologischen Forschung, denn die notwendigen Konsequenzen stören einfach. Eltern und verantwortungsbewusste Pädagog/innen dürfen dies jedoch auf keinen Fall länger zulassen. Im Sinne unserer Kinder und damit unserer Zukunft als Gesellschaft ist eine Veränderung unabdingbar.

Da Schulen Dienstleistungsbetriebe für unsere Kinder sind, müssen sie sich Letzteren anpassen. Das bedeutet, dass an die Stelle eines für viele biologisch falschen Unterrichtsbeginns eine flexible Regelung treten muss, die den unterschiedlichen Bedürfnissen der Kinder und Jugendlichen Rechnung trägt und sowohl ihre Leistungsspitzen nutzt als auch ihr Erholungsbedürfnis befriedigt. Selbstverständlich ist dies in einer Schule, in der alle zur gleichen Zeit in einer Klasse das gleiche Fach ertragen müssen, nicht zu leisten. An Lernorten aber, die einen flexiblen Tagesrhythmus mit einer offenen, auf die Einzel- und Gruppenbedürfnisse ausgelegten Architektur und der Loslösung von Jahrgangsklassen verbinden, ist dies möglich.

Wollen wir auch die zweite Leistungsspitze der Schüler/-innen nutzen, so müssen wir in den neuen Lerneinrichtungen auch die Nachmittage als reguläre Lernzeit miteinbeziehen. Allerdings habe ich erhebliche Vorbehalte gegen die Ganztagsschule, wie sie momentan praktiziert wird. Wenn der Unterricht für ein Kind morgens um halb acht beginnt, wenn es anschließend in drei 90-Minuten-Blöcken sitzend in einer Lernzelle festgehalten wird, lediglich unterbrochen von einer knappen Stunde Pause, und es anschließend in einer kurzen Mittagspause das Essen nur eilig herunterschlingen kann, weil es kurz darauf entweder weitere 90 Minuten zu ertragen oder in teils sinnlose Nachmittagsangebote gezwungen wird, dann halte ich das für falsch.

Diese Art der Nachmittagsschule bedeutet für unsere Kinder keine Erleichterung, sondern lediglich ein Mehr an Zeit und Arbeit in der Schule. Es ist ja nicht so, dass Schüler/-innen nach dem Nachmittagsunterricht nach Hause gehen und sich dort dann von ihrem harten und langen Arbeitstag erholen können. Zu Hause geht die Arbeit ja weiter. Oft müssen die Hausaufgaben noch gemacht werden, zum Teil auch entgegen den Regelungen des Erlasses[15]. Referate müssen abgefasst und für Vokabeltests und Arbeiten muss gelernt werden. Viele unserer Kinder arbeiten bis zur Erschöpfung.

Die momentane Ganztagsschule dient aber ebenso wenig den Kindern, vielmehr soll sie lediglich die Eltern entlasten, indem sie Freiräume für notwendige berufliche Tätigkeiten oder die Erholung von den Anstrengungen der Kindererziehung schafft. Sinnvoll und wünschenswert ist eine Ganztagsschule, die das Lernen entschleunigt, die mit sinnvollen, fördernden Angeboten und deren Verteilung über den Tag hinweg Freiräume für das Lernen schafft, sodass die Schüler/innen beim Verlassen der Schule ihre Arbeit geschafft haben. In diesem Sinne müssen wir unsere Lernorte umstrukturieren.

Lernen braucht Zeit – für jedes Kind unterschiedliche Zeit – und Lernen braucht Raum. Lernen braucht aber auch Erholung. Insofern gilt es, unseren Kindern mit Ganztagsschulen Zeit zu verschaffen, das Lernen zu verlangsamen, damit ein Raum entsteht, in dem sie ihre Kreativität und Leistungsfähigkeit entfalten können. Sämtliche Arbeiten sollten an den von uns geschaffenen Lernorten erledigt werden können. Über den Lernkanon hinaus sollten weitere Angebote Eingang in unsere Lernorte finden. Womöglich könnten sich hier die vielen Vereine und Organisationen verstärkt in Lernprozesse einbringen.

WENIGER IST MEHR UND ERMÖGLICHT MEHR VIELFALT

Ein flexibler Beginn und die Auflösung von Jahrgangsklassen in einer offenen, einladenden Umgebung machen einen klassischen Unterricht, wie wir ihn seit Jahrzehnten kennen, schwierig, ja unmöglich. Und das ist auch gut so, denn unsere Lehrpläne enthalten viel unnützen Lernstoff, mit dem wir unsere Kinder und Jugendlichen vollstopfen. Es ist mehr als notwendig, die Schüler/innen von dieser irrelevanten Last zu befreien. Das neue Bildungsverständnis, das in unsere Lernwelt Einzug halten muss, macht dies möglich. Aufbauend auf einem kleinen Gerüst von verbindlichen Lerninhalten, die unabdingbar beherrscht werden müssen, wie etwa gewisse mathematische Fähigkeiten, korrektes Schreiben und Sprechen, die englische Sprache, sollten wir den Kindern und Jugendlichen die Möglichkeit geben, nach ihren eigenen Wünschen, Fähigkeiten und Neigungen aus einem umfangreichen Pool an Inhalten zu schöpfen und auszuwählen. Nicht alles ist für jeden von Bedeutung, aber vieles, was in heutigen Schulen nicht auf dem Lehrplan steht und nicht im Unterricht behandelt wird, ist für die Schüler/-innen relevant, interessant und spannend.

Ich bekam meinen ersten Computer als Jugendlicher und lernte später in der Schule freiwillig ein wenig Programmieren. Das war Mitte der Achtzigerjahre. 30 Jahre und eine technologische Revolution später lernen unsere Schüler/innen beinahe ebenso wenig den Umgang mit dem Computer wie ich damals. Programmieren ist in der Schule nach wie vor eine exotische Beschäftigung, und selbst für den Umgang mit den allseits benutzten Schreib-, Rechen-, und Präsentationsprogrammen muss aus der Stundentafel mühsam Zeit abgezweigt werden. Was Algorithmen sind und wie man sie schreibt, wissen nach wie vor eigentlich nur die Nerds in unseren Schulen, die sich ihr Können nicht professionell in der Schule erarbeiten, sondern allein zu Hause. Über die schuleigenen Angebote können sie oft nur lachen und noch mehr über die Fähigkeiten der unterrichtenden Lehrkräfte. Für unsere Schulen ist dies ein weiteres Armutszeugnis und ein Problem, das so schnell wie möglich behoben werden muss. Der Ausbau und die Verbesserung der technischen Ausstattung können da nur ein Anfang sein.

Wir können darüber lamentieren, dass die Welt sich weiterdreht und -entwickelt. Wir können als Lehrkräfte und als Schule aus der Zeit fallen und weiterhin das gute Alte beschwören. Doch unseren Kindern tun wir damit keinen Gefallen. Und wir selbst werden uns dann in dieser Welt immer weniger zurechtfinden. Wir können den Tatsachen aber auch mutig ins Auge blicken, sie akzeptieren und gestalterisch nutzen.

Bei allen schulischen Bemühungen werden wir es aber nicht schaffen, den Umgang unserer Kinder mit den Segnungen und Flüchen der digitalen Welt wesentlich zu verändern. Dies steht einfach nicht in unserer Macht. Zumindest dann nicht, wenn wir weiterhin unser offenes, freies und pluralistisches Leben führen wollen. Sperren wir unseren Kindern heute den Zugang zur digitalen Welt, so verwehren wir ihnen eine erfolgreiche Partizipation an der Zukunft. Wer nicht mitgeht, bleibt zurück. So einfach ist das. Nichts lässt sich ewig bewahren. Was wir jedoch machen können, ist, Teile, die es wert sind, bewahrt zu werden, in die notwendigen Veränderungen zu integrieren.

Die Welt und Gesellschaften verändern sich, das ist der Lauf der Dinge. Die Aufgabe von Schule ist es, die Schüler/-innen auf das Leben in dieser sich permanent verändernden Welt vorzubereiten. Will sie dies erfolgreich tun, so darf Schule kein Ort des Bewahrens sein, vielmehr muss sie ein Ort des Wandels werden, der die Dynamik dieses Wandels aufnimmt und für sich nutzbar macht. Lernorte müssen den Schüler/innen die ganze Welt zugänglich machen. Sie dürfen nicht nur einen Ausschnitt bieten, von dem der Zeit hinterherhinkende Erwachsene glauben, er sei der einzige, der in der Schule zähle.

Selbstverständlich müssen nicht alle Inhalte, die sich heute in den Lehrplänen der Länder finden, verschwinden. Ganz im Gegenteil. Das Spektrum, an dem man sich bilden und mit dem man sich beschäftigen kann, sollte erweitert werden. Wesentlich für Schule darf nicht mehr sein, dass alle das gleiche unnötige Wissen erwerben, sondern die Schüler/-innen sollen sich aus einem umfangreichen Pool nur das für sie relevante Wissen aneignen. Wer eine sprachliche Begabung oder Vorliebe hat, dem soll es möglich sein, über das heutige Pensum in der Schule hinaus sich mit Sprache zu beschäftigen und eher eine vierte Fremdsprache zu wählen, als sich in den ungeliebten Naturwissenschaften zu sehr zu vertiefen. Es bedeutet also nicht, sich allgemein weniger Wissen anzueignen, sondern lediglich andere und erweiterte Schwerpunkte zu setzen. Dabei ist es umso wichtiger, dass Themenbereiche Einzug in die Schule halten, die dort heute noch gar nicht zu finden sind. Das Erlernen sozialer Kompetenzen ist dabei genauso wichtig wie den Schüler/innen zu ermöglichen, sich gesundheitlich weiterzubilden. Der Umgang mit Krankheiten, mit alten und sterbenden Menschen dürfte auch für manche Jugendliche von großer Bedeutung sein. Aber auch Fächer wie Psychologie, Philosophie, Wirtschaft, Finanzen, Recht und Gerechtigkeit, verschiedene Sprachen, einfache Ingenieurwissenschaften und noch viele mehr müssen denkbar sein. Dabei ist es wichtig, dass die Schüler/innen selbst entscheiden dürfen, ob und wann sie sich welchem Schwerpunkt zuwenden und wie sie sich diesen erschließen möchten.

Wir müssen uns endlich davon verabschieden, dass alle Menschen, die die Schule verlassen, über das gleiche Wissen verfügen sollen, was sie in der Realität sowieso nicht tun. Das neue Bildungsverständnis macht es möglich, statt auf gleiches Wissen für alle zu setzen, für die Pluralität einer Bildung zu plädieren, die zugeschnitten ist auf die Individualität unserer Kinder und deren Stärken und Vorlieben.

Mit dem Bologna-Prozess, der die Verschulung unserer Universitäten bedeutete, haben wir einen großen Fehler gemacht. Wir haben die Freiheit der Bildung an unseren Universitäten aufgegeben und an eine angeblich notwendige internationale Konkurrenzfähigkeit verkauft. Die Student/-innen sollten die Universität früher verlassen und schneller ins Berufsleben einsteigen. Wir haben uns damit allerdings keinen großen Gefallen getan. Statt die Universitäten zu verschulen, hätten wir lieber unsere Schulen »veruniversitären« sollen.

Wer früher beispielsweise Geschichte studierte, der musste über Scheine nachweisen, dass er sich mit mittelalterlicher Geschichte auseinandergesetzt hatte. Aber nicht alle Student/innen mussten ein bestimmtes Seminar über mittelalterliche Paläografie belegen. Wem es lieber war, der konnte sich auch mit kirchlichen Reformen vor der Reformation oder mit den Merowingern oder anderen Themen beschäftigen. Alle aber bekamen ihren Schein in mittelalterlicher Geschichte.

Welche Student/innen waren nun die gebildeteren oder besseren? Die Auswahl der Seminare sagte darüber jedenfalls nichts aus. Alle wurden am Ende Historiker/innen und verfügten über eine umfangreiche, wenn auch unterschiedliche historische Bildung.

So wie früher an den Hochschulen mit diesen Differenzierungen umgegangen wurde, sollten wir auch heute in Lernorten mit Bildung und Lernen umgehen. Neben einer gewissen Verbindlichkeit brauchen wir mehr Freiheit und Selbstbestimmtheit. Und ich kann nur hoffen, dass auch die Universitäten wieder zu dieser Form des Studierens zurückfinden.

Der Vorteil liegt auf der Hand. Die Schüler/innen haben nicht nur die Möglichkeit, bereits in der Schule mehr von unserer komplexen Welt kennenzulernen. Sie können sich auch stärker an ihren momentanen Interessen, an ihren Neigungen und Fähigkeiten orientieren. Damit sind sie von vornherein stärker motiviert. Außerdem geben wir den Kindern und Jugendlichen mehr Raum, sich auszuprobieren und Vorlieben zu finden. Es kann doch nicht sein, dass selbst nach dem Abitur viele junge Leute immer noch nicht wissen, was sie werden wollen und wo ihre Stärken und Schwächen liegen. Wobei die Schule sie auf viele Schwächen regelmäßig aufmerksam macht.

Ein Schüler, der sich für Psychologie interessiert, wird in der Schule von heute kein Angebot finden. In der Lerneinrichtung von morgen muss er aber eines finden. So wie die Schülerin, die seit ihrem fünften Lebensjahr Klavier lernt und nun gerne eine Sinfonie komponieren möchte, oder jene, die mit ihrem Vater schon immer laienhaft an Autos herumgebastelt hat, mit 14 aber gerne mal einen Motor zerlegen und verstehen möchte.

Indem wir das Obligatorische in den Lehrplänen zusammenstreichen, schaffen wir mehr Raum für Fakultatives und Neues, für mehr Freiheit und Pluralität, für Dinge, die jeder Einzelne individuell wirklich wissen sollte und will. Hier findet unser erneuerter Bildungsbegriff seine volle Ausprägung.

VIELFALT UND INDIVIDUALITÄT BRAUCHEN RAUM

Die Auflösung der heutigen schulischen Architektur und ihre Öffnung sowie die Auflösung der Lehrpläne, wie wir sie seit Jahrzehnten kennen, würde nicht nur erfordern, sondern glücklicherweise auch ermöglichen, dass Schüler/innen sich anders mit Lerngegenständen beschäftigen, als sie es heute tun. Wenn nicht mehr jeder Schüler um acht Uhr in einer Lernzelle auftaucht, wenn nicht mehr alle Schüler/-innen eines Jahrgangs sich zur gleichen Zeit mit dem gleichen Thema des Lehrplans beschäftigen, dann ist Unterricht, wie wir ihn heute kennen, nicht mehr möglich. Lernen kann und muss dann ganz anders organisiert und strukturiert werden.

Dieses Neue, verbunden mit der damit einhergehenden Freiheit, macht vielen Lehrer/innen und Eltern verständlicherweise Angst. Das ist oft so mit Dingen, die wir nicht kennen. Wir wissen aber auch, dass Ängste, die wir einmal hatten, oft unbegründet waren. Und wir wissen, dass Veränderungen Teil unseres Lebens sind. Oft sogar erhebliche Veränderungen. Wenn die Schule Teil unseres Lebens ist und auch Veränderungen dazugehören, dann müssen wir Veränderungen auch in der Schule zulassen. Aus Erfahrung wissen wir, dass vormalige Bedenken sich oft als gegenstandslos erweisen. Und dennoch machen wir uns regelmäßig vor Veränderungen die gleichen Sorgen. Besser, wir halten es mit dem eingangs zitierten John D. Rockefeller und geben das Gute für das Bessere auf.

Wir glauben oft, dass das Bestehende das Gute sei, und tun uns deswegen schwer mit Veränderungen. Gerade wir Deutschen geben uns gerne mit dem zufrieden, was wir haben. Wer dennoch nach Besserem strebt, wird oft argwöhnisch beäugt.

Schule aber, so wie sie heute in weiten Teilen des Landes praktiziert wird, ist nicht gut, und wir müssen daher auch keine Angst davor haben, etwas vermeintlich Gutes aufzugeben.

Dass unsere Schulen nicht gut sind, erfahren wir selbst, es wird uns aber auch von außen bestätigt, was die vielen Vergleiche der vergangenen Jahre zeigen. So wird uns zum Beispiel vorgehalten, unsere Schulen seien immer noch Belehrungsanstalten, das heißt, die Schüler/innen müssten noch weit mehr zuhören als selbst machen, was ich als Schulleiter nur bestätigen kann. Dieser Umstand ist dem Zwang der Vergleichbarkeit und Bewertung geschuldet. Dabei ist schon lange bekannt, dass diese Lernmethode nicht effizient ist.

Außerdem sei die Beschämungskultur in unseren Schulen noch stark verankert. Zu dieser Beschämungskultur gehörten die schlechten Noten, aber auch rote Tinte, die jeden Fehler krass sichtbar mache, oder das Sitzenbleiben, das die eigene Unzulänglichkeit der Schulöffentlichkeit mehr als deutlich vor Augen führe.

Darüber hinaus hätten wir in Deutschland eine falsche Fehlerkultur. Fehler sind in unseren Schulen etwas, das man sich nicht leisten darf, weshalb Schüler/innen sich auch oft nicht trauen, etwas vermeintlich Falsches zu sagen. Sind sie sich unsicher, ob es richtig oder falsch ist, sagen sie lieber gar nichts. Und obwohl Fehler ein wesentlicher Teil des Lernens sind, ahnden die meisten Lehrer/innen diese mit schlechter Bewertung. Nur der Schüler oder die Schülerin, die auf eine Frage richtig antwortet, bekommt die Eins. Wer eine falsche, aber womöglich weiterführende Antwort gibt, dem wird die Eins verwehrt.

Wir können dieses vermeintlich Gute also getrost abschaffen und durch etwas Besseres ersetzen. Die im vorherigen Kapitel genannte Offenheit der Architektur und die Individualisierung der Lerninhalte machen den Weg frei für eine größere Freiheit der Lernwege. In dem klassischen Unterricht heutiger Prägung müssen 30 Schüler/innen in aller Regel gleichzeitig Gruppenarbeit, Partnerarbeit, Einzelarbeit oder Plenumsarbeit leisten. Alle müssen gleichzeitig abschreiben, lesen, zuhören oder das gleiche Arbeitsblatt bearbeiten, und alle im selben Fach. Auch die vielfältigen neuen Methoden, die sporadisch Einzug in die Schule halten, werden alle gleichzeitig von allen praktiziert.

Die neuen Lernorte hingegen ermöglichen es unseren Kindern, die Arbeitsform zu wählen, die ihnen gerade sinnvoll erscheint, und zwar, wann immer sie persönlich es möchten und für das Thema und Fach, das sie auswählen. Nicht immer muss man sich einen Lerngegenstand mit jemand anderem aneignen. Mancher möchte lieber selbstständig arbeiten. Warum sollte man so jemanden zur Gruppenarbeit drängen?

Nicht genug damit, dass man sich über Bücher Lerninhalte auch alleine aneignen kann, ermöglichen die neuen Medien und viele sehr kluge Konzepte es den Schüler/innen, sich auf diese Weise bestimmte Grundlagen besser zu erarbeiten, als es der bisherige Unterricht ermöglichte. Und auch wenn die Lernsoftware durchaus noch verbesserungswürdig ist, vertieft Einzug in unsere Lernorte muss sie dennoch halten. Ein Schulbuch zu digitalisieren reicht da nicht. Es reicht auch nicht, wenn der Einzige, der mit der Schulsoftware in Form von Smartboards umgeht, die Lehrkraft ist. Sich über das schuleigene Netzwerk auszutauschen, Arbeitsblätter zu senden und Hausaufgaben zu erteilen, mag hilfreich sein, reicht aber nicht. Die neuen Medien bieten so viele Möglichkeiten, von denen wir nur einen Bruchteil nutzen.

Dabei können bereits kleine Kinder erfolgreich am Computer mit Lernsoftware arbeiten. Spielerisch und motivierend erschließen sie sich so zum Beispiel selbst das einfache Rechnen und auch die Rechtschreibung. Für Kinder und Jugendliche, in deren Welt moderne Medien nun einmal eine wichtige Rolle spielen, ist die Erschließung von Wissen über diese Medien weit motivierender und erfolgreicher als die langweilige Arbeit mit dem Schulbuch und das stupide Abarbeiten von Fragen der Lehrkraft.

Elektronische Spiele sind auch deswegen so erfolgreich, weil sie den Ehrgeiz der Kinder anstacheln. Uns Erwachsenen ergeht es ja oft nicht anders. Die Spiele locken mit Belohnungen, Challenges, Aufstiegen, Erweiterungen und so fort. Dabei erhält man kleine Belohnungen recht schnell. Die größeren, zum Beispiel der Aufstieg in ein neues Level, folgt oft erst nach reichlich Spielzeit und manchmal einer finalen Herausforderung. Ich habe es noch nicht erlebt, dass eines meiner Kinder ein Spiel abgebrochen hat mit der Begründung, bis zum nächsten Level müsste es noch viel zu lange spielen. Auch nicht deswegen, weil es stets an der gleichen Stelle scheiterte. Ganz im Gegenteil. Die Kinder spielen so lange, bis sie auch die schwierigsten Stellen überwunden und endlich in das neue Level vordringen. Und so geht es immer weiter.

Diese außerordentliche Motivation, die wir schon früh bei Kindern, etwa wenn sie Laufen lernen, wahrnehmen können, müssen wir uns für unsere Lernorte zunutze machen. Es wäre doch denkbar, sich das Römische Reich auf diese Weise spielerisch zu erschließen. Auf einfacher Ebene startend, könnten sich die Schüler/innen in die Tiefen der römischen Gesellschaft vorarbeiten. Das könnte beispielsweise in der Art elektronischer Detektivspiele geschehen, in denen man als Avatar einen kniffligen Fall lösen muss, bei dem man Stück für Stück Hinweise sucht, Aufgaben erfüllt, Rätsel löst und so der Lösung des Falles immer näherkommt. Gleichzeitig lernt man eine Menge über die römische Gesellschaft und die politischen Strukturen. Das ist für das Gehirn äußerst anregend, und man kann sich stundenlang in diese Kniffligkeiten vertiefen.

Im Übrigen muss man dies nicht immer nur alleine machen. Bei vielen Onlinespielen und Gaming Conventions werden Missionen gemeinsam erfolgreich erfüllt. In unseren Lernorten müssen diese Missionen auf die Erlangung von Bildung abzielen. Die Errungenschaften und weiteren Entwicklungen im Bereich digitaler Medien werden den Kindern und Jugendlichen jedenfalls noch einige hervorragende Möglichkeiten des Lernens eröffnen.

Selbstverständlich ist das Lernen am Computer nicht der Weisheit letzter Schluss und kann auch nicht ausschließlich praktiziert werden. Zusammen mit dem Erlernen der Vielfältigkeiten der Arbeitssoftware, wozu vor allem der korrekte und routinierte Umgang mit Schreib-, Rechen- und Präsentationssoftware gehört, ermöglicht unseren Kindern jedoch einen sinnvollen Umgang mit diesen Medien. Wird ihnen diese Technik weitgehend vorenthalten, wie es zurzeit noch der Fall ist, dann verlagert sich das Erlernen des Umgangs damit in den privaten Bereich, mit teils mäßigem Erfolg.

Viel Lernen kann mit und an neuen Medien erfolgen. Doch soziale Kompetenzen erlangen wir nicht in der Auseinandersetzung mit dem Computer. Hierfür brauchen wir Menschen. Und wir brauchen sie auch dafür, gemeinsam mit ihnen Projekte der realen Welt zu erschließen und zu einem Ergebnis zu führen. Die neuen Lernorte sollten unseren Kindern und Jugendlichen daher vielfältige und anregende Möglichkeiten der Auseinandersetzung mit verschiedenen Themen eröffnen. Leistungs- und jahrgangsunterschiedliche Teams aus Mädchen und Jungen können über längere Zeit an einem gemeinsamen Projekt arbeiten. Dabei können jede Schülerin und jeder Schüler nach den eigenen Fähigkeiten und Interessen unterschiedliche Aspekte zu dem Projekt beitragen. Während ältere Schüler/innen komplexere und stärker differenzierende Problemstellungen erarbeiten, könnten die jüngeren die einfache Ebene erschließen und darbieten.

Im Rahmen etwa eines Projekts über die technischen und sozialen Veränderungen und Umwälzungen der industriellen Revolution könnte ein Teil der Schüler/innen sich die technischen Veränderungen wie Dampfmaschine oder Spinnmaschine ansehen. Während die künstlerisch Begabten und Interessierten den Bauplan einer Dampfmaschine nach den Vorgaben der an Ingenieurskunst Interessierten erstellen, könnten sich andere Gedanken über den sinnvollen Einsatz dieser Maschine und damit einhergehende Rationalisierungen machen. Die handwerklich Begabten könnten mit den Physikern versuchen, eine einfache Dampfmaschine nachzubauen und deren Einsatzfähigkeit zu testen. Eine weitere Gruppe könnte sich mit den Veränderungen in der Lebenswelt der Menschen auseinandersetzen und sowohl die Verwerfungen als auch die Lösungen der sozialen Frage diskutieren. Sie könnte beispielhaft ein Rollenspiel oder

Theaterstück einüben, das die Auseinandersetzung der Arbeitnehmerschaft mit einem Fabrikbesitzer, die Problematik und die Lösungsmöglichkeiten darbietet. Man könnte dieses Theaterstück derart offen anlegen, dass das Publikum an bestimmten Stellen immer wieder über den weiteren Gang der Handlungen entscheiden kann und die Theatergruppe gezwungen ist, diese Entscheidungen darstellerisch nachzuvollziehen. Zwecks erfolgreicher Umsetzung müsste sich die Gruppe bereits im Vorfeld über verschiedene Handlungsstränge und deren weiteren Verlauf Gedanken gemacht haben. Dennoch gäbe es reichlich Raum für eine spontane Interpretation. Jüngere Schüler/innen könnten helfen, die Geschichte aufzubauen, Plakate oder Modelle einer Dampfmaschine aus unterschiedlichen Materialien zu gestalten. Die älteren Jugendlichen könnten ihnen dabei mit ihrem differenzierten Wissen über die Dampfmaschine helfend und erklärend zur Seite stehen. Hiervon würden beide Gruppen profitieren. Die jüngeren Kinder könnten zusammentragen, warum die Menschen in die Städte zogen und sich den dort oft unmenschlichen Lebensverhältnissen unterordneten und wie dieses Leben aussah. In einem Raum könnte man womöglich gar die kleine Einzimmerwohnung einer achtköpfigen Arbeiterfamilie nachstellen. Am Schreiben interessierte Schüler/innen könnten sich mit der Literatur dieser Zeit auseinandersetzen und eine Kurzgeschichte verfassen, während die journalistisch Veranlagten sich mit historischen Zeitungsberichten beschäftigen und anschließend einen Bericht für die Schülerzeitung und die Homepage der Schule schreiben. Die musikalisch Interessierten könnten sich mit der Musik des 18. und 19. Jahrhunderts auseinandersetzen und selbst ein Lied im zeitgenössischen Stil komponieren. Auch das Drehen eines Films wäre eine denkbar gute Möglichkeit, dieses Thema in seiner Vielfalt zu erschließen.

Dies ist nur ein kleiner Auszug dessen, was möglich wäre. Doch er zeigt die unheimliche Fülle, die sich unseren Kindern mit neuen Lernformen eröffnen würde. Wir müssen den Schüler/innen den Raum dafür geben und die Möglichkeit, diesen nach eigenem Ermessen zu füllen. Das Interesse unserer Kinder ist derart groß, dass sie von ganz alleine Gebrauch von der Vielfalt der Themen und Erschließungsmöglichkeiten machen würden. In unseren heutigen Schulen zeigen die Schüler/innen dieses weitläufige Interesse selten. Der Fächerkanon, die Lern- und Zeitvorgaben sowie mitunter das Verhalten der Lehrkräfte ersticken ihren Wissensdurst, zumindest während der Zeit in der Schule. Sich mit Französisch zu beschäftigen, wenn man gerade an einem physikalischen Problem knobelt, ist ein wahrer Kraftakt. Dass dies unseren Kindern oft nicht gelingt, braucht uns nicht verwundern. Und wie groß der Wissensdrang von Kindern und Jugendlichen ist, weiß jeder, der sie in ihrer Freizeit genauer beobachtet. Statt diesen Drang in der Schule zu ersticken, müssen wir ihn nutzen. Dafür aber müssen wir den Lernorten und vor allem den Kindern mehr Freiräume geben.

Vom stupiden Sitzen an kalten Tischen in viereckigen Räumen müssen wir übergehen zur Erschließung der Welt durch Eigenarbeit, Offenheit, Praxis und Hinausgehen in die

Welt. Man kann das Leben der Frösche aus dem langweiligen Schulbuch erlesen oder am nahe gelegenen Fluss erforschen.

Es ist doch wahnwitzig zu glauben, schulische Bildung, die einen Abschluss ermöglicht, dürfe ausschließlich aus den im Fächerkanon festgeschriebenen Inhalten bestehen, welche die Schüler/innen sich über Papier aneignen. Aber gehen wir noch einen Schritt weiter.

Wäre es nicht denkbar und wünschenswert, wenn künftig das außerschulische Engagement von Kindern und Jugendlichen Einzug in unsere Lernorte hielte, und zwar dergestalt, dass man es als Teil der persönlichen Bildung honoriert? Dabei meine ich nicht einen zu vernachlässigenden und am Ende niemanden interessierenden Vermerk im Zeugnis. Vielmehr sollte dieses Engagement den bisherigen schulischen Inhalten gleichgestellt werden und in die schulischen Abschlüsse unserer Kinder einfließen.

Wer sich in seiner Freizeit um ältere Menschen kümmert, Nachmittage bei ihnen verbringt, ihnen Gesellschaft leistet, für sie einkaufen geht, ihnen Wunden reinigt und beim Anziehen hilft, der lernt eine Menge wichtige Dinge fürs Leben. Wichtigere Dinge, als sie die heutige Schule vermittelt. Eine Anerkennung als Qualifizierung für einen Abschluss bekommen diese Schüler/innen heute dafür aber nicht. Das darf in Zukunft nicht mehr sein. Wesentliches außerschulisches Lernen muss Teil der gesamten Bildung unserer Kinder werden und sich in deren Lernbiografie auch in den Lernorten niederschlagen. Wer ehrenamtlich bei der DLRG im Sommer Strandabschnitte überwacht und bei Rettungseinsätzen helfend vor Ort ist, sollte durchaus auf den Schwimmunterricht in der Schule verzichten können und dennoch seine Leistung dort anerkannt bekommen. Das politische Engagement eines Schülers oder einer Schülerin in einer Partei oder Bürgerinitiative sollte in unseren neuen, zukunftsfähigen Lernorten den gleichen Stellenwert haben wie ihre Ausbildung im Fach Politik. Erst dann tragen wir der Vielfalt von Bildung und der Offenheit unserer Lernorte Rechnung. Und wir erkennen gleichzeitig das Engagement der Schüler/innen an.

Selbstverständlich verliert die Lehrkraft nicht ihre Bedeutung. Diese verändert sich lediglich. Aus dem Zentrum als Dreh- und Angelpunkt des Unterrichtens tritt die Lehrkraft an den Rand. Sie wird zum Experten, auf den man immer wieder und bei Bedarf zurückgreifen kann. Sie wird zur Stütze, die den Schüler/innen durch schwieriges Terrain hilft. Sie wird zum Anreger und Motivator, der den Kindern und Jugendlichen Lernanstöße gibt, sie auf die Rätsel unserer Welt aufmerksam macht und zur Auseinandersetzung damit anregt.

Die Lehrkräfte stellen die Lernmöglichkeiten zur Verfügung, helfen beim Umgang mit ihnen und lichten mit ihrem Fachwissen und ihrer Erfahrung so manchen Nebel, der sich nicht von alleine auflöst. Und sie sind da, wenn Schüler/innen jemanden brauchen, der sie aufbaut, bei der Stange hält und ihnen mit motivierenden Rückmeldungen aus dem Tief vorübergehender Demotivation heraushilft. Lehrer/innen bleiben in vielfältiger Weise wichtig. Aber sie wandeln sich vom beurteilenden Belehrer zum unterstützenden Begleiter erfolgreichen, individuellen Lernens.

Wenn Lernorte so gestaltet sind, wie ich sie gerade im Ansatz beschrieben habe, dann erübrigen sich die Diskussion und der Ärger der Lehrkräfte über die Binnendifferenzierung. Diese ist nur notwendig in jahrgangsgleichen, nach Schulzweigen getrennten Klassen, in denen alle am Ende des Schuljahres möglichst das gleiche Ziel, nämlich die Versetzung, erreicht haben sollen. Ohne diese Begrenzung auf das gleiche Alter und ohne die zeitliche Fixierung ist die heute diskutierte Binnendifferenzierung nicht denkbar. Die soeben skizzierten modernen Lernorte hingegen sind binnendifferenziert im wahrsten Sinne des Wortes. Jede Schülerin und jeder Schüler kann in ihnen nach den eigenen Bedürfnissen lernen und vorankommen.

ES GEHT AUCH OHNE NOTEN

An einem Ort, an dem Bildung nicht mehr dem Zweck des Systems dient, sondern der individuellen Entwicklung unserer Kinder, ist eine punktuelle Beurteilung, die sich in Ziffernnoten ausdrückt, nicht mehr notwendig. Und damit entfällt auch die Notwendigkeit von Klassenarbeiten, Prüfungen und Zeugnissen.

Was sagen Noten wirklich aus? Nun, schlicht und einfach nichts Wesentliches. Sie sagen uns lediglich, ob jemand zu einem bestimmten, willkürlich gewählten Zeitpunkt ein bestimmtes, ebenso willkürliches und oft irrelevantes Thema darlegen konnte. Dabei muss man sich klar darüber werden, dass die Aussage, jemand habe eine Zwei oder eine Drei, für alle eine klare Kategorisierung bedeutet. Dass diese unterschiedlichen Noten jedoch mitunter nur einen halben Punkt auseinanderliegen, wird dabei nicht bemerkt. Dieser halbe Punkt könnte bedeuten, dass eine Schülerin einen Rechtschreibfehler weniger gemacht hat als der Schüler. Hilft das unseren Kindern und uns wirklich weiter? Nein, tut es nicht. Weiterhelfen würde ihnen, wenn die Schule sich wirklich darum bemühen würde, die Rechtschreibmängel auszugleichen. Das tut sie aber nicht. Sie diagnostiziert sie lediglich. Sie gibt kleine Hilfestellungen. Ausschlaggebend aber ist, ob jemand mitkommt oder nicht. Man akzeptiert, dass Kinder auf der Strecke bleiben, anstatt ihnen wirklich bei der Behebung ihrer Mängel zu helfen.

Wie kommen Noten zustande? Im Prinzip ganz einfach: Noten geben an, wie viel Prozent einer Aufgabe man in einer bestimmten Zeit erfolgreich geschafft hat. Noten sind also das Resultat schulischer Akkordarbeit. Wer weniger als 20 Prozent schafft, bekommt eine Sechs. Wer bis zu 50 Prozent schafft, bekommt eine Fünf. Eine Eins bekommt in Niedersachsen, wer mindestens 88,5 Prozent der Aufgabe erfolgreich erledigt hat. Zu der Zeit, als ich noch in Hessen arbeitete, lag dieser Wert je nach Fach bei 90 bzw. 95 Prozent. In der Grundschule meiner Tochter liegt dieser Wert bei 97 Prozent. Was eine sehr gute Arbeit ist, variiert also von Bundesland zu Bundesland und auch zwischen den Schulformen.

So erscheint die Festlegung dessen, was ein »Sehr gut« bedeutet, willkürlich und ständig wechselnd. Auf den Aussagewert einer Note ist so kein Verlass. Problematischer jedoch ist, dass es kaum einen Unterschied zwischen 90 und 89 Prozent gibt. Eine Ziffernnote hingegen vergrößert diesen minimalen Unterschied extrem stark.

Gerechtigkeit stellen Noten nicht her. Eine hilfreiche Aussage treffen sie im Grunde auch nicht. Stattdessen schaden sie nur und lenken ab. Sie gehören daher abgeschafft.

Wenn es nicht mehr darum geht, innerhalb eines mehrjährigen Ausbildungszeitraums zu einem bestimmten Zeitpunkt über eine bestimmte Menge an Faktenwissen zu verfügen, brauchen wir die diskriminierende und demotivierende, ja beschämende Klassifizierung durch Noten nicht mehr. Wenn es erlaubt ist, dass Schüler/innen zu unterschiedlichen Zeiten unterschiedliche Fertigkeiten erlangt haben, verliert die Beurteilung mittels des Gütesiegels einer Note ihre Bedeutung. Ja, es ist im Grunde gar nicht mehr möglich, wertende Noten zu vergeben, denn diese dienen dem Vergleich. Unsere Kinder aber sind unvergleichlich und einzigartig. Sie haben individuelle Fähigkeiten, Vorlieben und Talente.

Besonders problematisch sind Noten, wenn sie Aussagen über Irrelevantes treffen, also darüber, wie gut man sich Bedeutungsloses aneignen und es wiedergeben kann. Das ergibt absolut keinen Sinn, wie man am Beispiel des Schwimmunterrichts meiner Tochter sehen konnte. Man beurteilt die Fähigkeiten eines Arztes ja auch nicht danach, wie groß sein

Handicap auf dem örtlichen Golfplatz ist. Und ob die Haltung seines Schlägers nun eine Zwei oder eine Drei wert ist, hilft dem Patienten bei der Operation auch nicht.

Daher müssen unsere Lernorte das Ziel verfolgen, die Talente der Kinder und Jugendlichen zu erkennen und sie zu fördern und zu fordern, die Fähigkeiten und Fertigkeiten zu verfeinern und den Vorlieben Raum zu geben. Noten machen diese Individualisierung unmöglich.

Der Sportunterricht etwa beurteilt und bewertet die verschiedenen Talente. Zwar gibt er vor, die Schüler/innen in ihren Fähigkeiten zu fördern und sie Bewegungsabläufe trainieren zu lassen. Am Ende aber steht immer die Beurteilung des Gelingens im Rahmen einer festgesetzten Norm. Die individuellen Voraussetzungen, Talente und Entwicklungsstufen finden keine Berücksichtigung, denn sie stehen außerhalb der Norm. Darüber hinaus lässt sich in der heutigen Schule weder Schüler/innen noch Eltern vermitteln, warum ein begabter Fußballer, der im Sportunterricht während der Einheit »Fußball« lediglich sein bisheriges, außerhalb der Schule erworbenes Können, aber keine Entwicklung zeigt, die gleiche oder gar eine schlechtere Note erhalten sollte wie ein unsportlicher Junge, den zu Beginn der Umgang mit dem Ball ängstigte, der diese Angst jedoch nicht nur überwunden hat, sondern inzwischen auch eine gewisse Geschicklichkeit mit dem Ball an den Tag legt. In unserer heutigen Schule bekommt der begabte Fußballer in der Regel eine Eins, der unsportliche Junge eine Vier, wenn er Glück hat auch einmal eine Drei. Das ist völlig unangemessen und zeigt nicht nur die Grenzen unseres Bewertungssystems, sondern auch seine Überflüssigkeit.

Noten haben in unseren neuen Lernorten nichts mehr zu suchen. Wissenschaftler haben festgestellt, dass Kinder bis zum Alter von 13 Jahren messbar mehr lernen, wenn sie keine Noten erhalten. Bis zum Eintritt der Pubertät lernen Kinder häufig gerne und aufgrund intrinsischer Motivation. Gerade in Grundschulen ist dies sehr gut zu beobachten. Sobald jedoch das Lernen benotet wird, nimmt diese innere Motivation ab und wird durch eine äußere ersetzt. Mit der Zeit wird nicht mehr gelernt, weil man es möchte und es einem am Herzen liegt, sondern weil man für das Gelernte eine Note erhält. Die weitere Konsequenz ist, dass man nur noch das lernt, was eine gute Note, also eine äußere Belohnung, verspricht. Dabei sorgt die äußere Bestrafung in Form einer mangelhaften Note selten für eine höhere Anstrengung und die notwendige Aufarbeitung. Vielmehr lässt eine solche »Niederlage« die Kinder an ihrer Leistungsfähigkeit zweifeln.

Der Fokus unserer Schüler/innen wandert also vom Lerngegenstand hin zur Note. Nicht mehr die Inhalte spielen eine Rolle, sondern nur noch die Beurteilung. Fragt man ein Kind, das eine Fünf geschrieben hat, nach seinem Ziel für den weiteren Verlauf des Schuljahres, wird es antworten, dass es in der nächsten Arbeit keine Fünf schreiben möchte. Es wird nicht sagen, dass es die Fehler, die es bislang noch macht, abstellen möchte. Es wird auch nicht sagen, dass es sich für die nächste Klassenarbeit den zukünftigen Stoff intensiver ansehen und ihn besser verstehen möchte, was notwendig wäre, um bei der nächsten Arbeit besser abzuschneiden. Das Augenmerk des Kindes liegt folglich überhaupt nicht mehr auf den Lerninhalten, sondern nur noch auf der Note. Diese von der Schule und den Lehrer/innen verursachte Fixierung auf die Beurteilung erschwert es den Schüler/innen, sich dem eigentlichen Problem zu widmen. Sie haben nämlich keine Antwort darauf, wie sie keine Fünf mehr schreiben, weil ihnen unklar ist, wie sie besser werden können. Wie oft habe ich von Eltern, deren Kinder eine schlechte Arbeit geschrieben haben, gehört, dass sie das Ergebnis nicht verstehen können, denn ihr Kind habe doch gelernt. Wir konditionieren unsere Kinder also darauf, ihre Lernleistung und ihren Lernwillen über Noten zu steuern. Wenn man sich diese negative Konsequenz der Notenvergabe vor Augen hält, versteht man auch, warum so viele Schüler/innen auf Noten bestehen, was die Pro-Noten-Lobby als Argument dankend aufgreift. Ebenso wie wir Erwachsene, haben die Schüler/innen sich schlicht und einfach an die Noten gewöhnt und sie definieren sich und das, was gelernt werden muss, über diese Noten, denn sie wissen, dass es die Gesellschaft leider allzu häufig ebenfalls tut.

In einer Lernwelt, die dem Individuum gerecht wird, haben Noten keinen Sinn. Sie dienen lediglich einem System, dass sich die Kategorisierung ganz unterschiedlicher Menschen leicht machen will. Doch unsere Vielfältigkeit und Einzigartigkeit lässt sich weder in Noten von Eins bis Sechs noch in den Abstufungen der Oberstufe von einem bis 15 Punkten ausdrücken.

Selbstverständlich ist eine Rückmeldung an die Kinder und Jugendlichen notwendig und sinnvoll. Dabei darf auch durchaus auf die Notwendigkeit der Verbesserung verschiedener Defizite aufmerksam gemacht und es dürfen Verbesserungsvorschläge gemacht werden.

Die Rückmeldung darf Hilfestellungen geben und sie kann Anreize schaffen. Sie sollte der Schülerin oder dem Schüler aber auf gar keinen Fall das Gefühl vermitteln, sie oder er könne es nicht leisten oder kriege es am Ende nicht hin, und sie darf auch nicht das weitere Leben von der Erreichung dieses Ziels abhängig machen. Indem sie das Erreichen eines Ziels von der zeitlichen Fixierung löst, verschafft die Rückmeldung den Schüler/innen einen Rahmen, in dem sie nach ihren eigenen Fähigkeiten ein Defizit aufarbeiten können.

Noten gehören aus unseren neuen Lernorten verbannt. Die Rückmeldung über eine erbrachte Leistung können sich die Schüler/innen auf vielfältige Weise holen, sei es über das Belohnungssystem einer Lernsoftware, die Kritik der Gruppe, mit der zusammengearbeitet wird, die positiven oder negativen Kommentare zu einem Zeitungsartikel, den Applaus am Ende eines Theaterstückes usw.

Wenn die Kunstausstellung einer Gruppe von Schüler/-innen nur mäßig besucht wird, weil die Werke erhebliche Mängel aufweisen, dann ist das zwar frustrierend, aber womöglich erzeugt es einen größeren Ansporn, sich künstlerisch zu verbessern, als wenn die Mitglieder der Gruppe jeder eine Fünf bekommen hätten.

Wenn man versteht, welche Aussagkraft Noten tatsächlich haben, erkennt man, dass sie einem bei der Beurteilung eines Menschen nicht weiterhelfen. Und was uns nicht hilft, benötigen wir auch nicht.

DAS LERNEN NEU DENKEN

Warum schicken wir unsere Kinder zur Schule? Diese Frage ist weniger banal, als sie scheinen mag. Die allgemeine Antwort, sowohl von Eltern und Schüler/innen als auch von Lehrkräften, lautet in der Regel, man gehe zur Schule, um etwas zu lernen. Aber was bedeutet das wirklich?

In unseren heutigen staatlichen Schulen bedeutet es, morgens in Lernzellen eingepfercht zu werden, dort, von kleinen Pausen unterbrochen, Unbedeutendes zu einer Zeit zu lernen, in der man gerade nicht dafür empfänglich ist. Es bedeutet, wegen des Drucks, möglichst alles zu einem bestimmten Zeitpunkt zu 100 Prozent zu wissen, die Freude am Lernen und am Lerngegenstand zu verlieren. Es bedeutet, seine Individualität dem Zweck einer fragwürdigen Vergleichbarkeit unterzuordnen, damit man in ein Raster gezwungen werden kann. Diesem Zweck dienen Lehrpläne, Jahrgangsklassen, Klassenarbeiten, Noten und Zeugnisse. Lernen in der Schule bedeutet am Ende also, unsere Kinder zu uniformieren.

Uniforme Kinder passen nicht zu einem pluralistischen, demokratischen Staat. Wollen wir auch in Zukunft unsere individuelle Freiheit in einer Demokratie genießen, so brauchen wir Kinder, die dem Anspruch eines pluralistischen Staates gerecht werden. Und das bedeutet, wir brauchen Lernorte, die unsere Kinder auf ein Leben in einem solchen Staat vorbereiten, ihre Individualität nicht nur sehen, sondern ihr gerecht werden und sie in allen Bereichen fördern.

Unsere derzeitigen Schulen werden diesem Anspruch nicht gerecht. Deswegen müssen wir sie abschaffen und durch neue Lernorte ersetzen, Lernorte, die unsere Kinder wirklich zu eigenverantwortlichem Handeln und selbstständigem Urteilen befähigen. Die sie zum verantwortlichen Gebrauch der Freiheit, zu Toleranz, friedlicher Gesinnung und Achtung vor anderen Menschen sowie zur Anerkennung kultureller und religiöser Werte erziehen. Das ist der Anspruch des ersten Teils in Artikel 2 des Bayerischen Gesetzes über das Erziehungs- und Unterrichtswesen (BayEUG)[16].

Dies ist die Kernaufgabe von Bildung. Und nur wer lernt, kann sich bilden. Insofern ist und bleibt das Lernen der zentrale Punkt. Doch es kann sich dabei nicht um Bulimie-Lernen, es muss sich um nachhaltiges Lernen handeln. Dabei geht es nicht darum, auf Wissen zu verzichten, sondern Wissen zu pluralisieren und zu individualisieren. Es geht darum, Wissen auf die Relevanz für unsere Kinder und die Zukunft auszurichten.

Das Lernen darf nicht an Attraktivität verlieren. Es darf nicht mit Einschränkungen und engen Vorgaben versehen werden, sondern muss Möglichkeiten schaffen. Insofern ist es die Aufgabe von Lernorten, den jedem Menschen eigenen

Lerndrang zu nutzen und den Kindern und Jugendlichen eine Umgebung zu bieten, in der sie diesem Drang nachgeben können, und zwar nach Maßgabe der Schüler/innen und nicht nach jener der Schulbehörden oder irgendwelcher Pädagogen. Das heißt, unsere Kinder müssen im Mittelpunkt stehen und nicht der Stoff, das Fach oder die Lehrkraft.

Nachhaltiges Lernen funktioniert nicht durch Zwang, durch die Vorgabe von Inhalten und des Zeitpunkts und der Art ihrer Bearbeitung. Nachhaltiges Lernen gelingt, wenn wir der Lust zu lernen Freiräume schaffen, wenn wir das Lernen seinen eigenen Weg gehen lassen.

Dem Wunsch zu lernen folgt die Notwendigkeit, sich mit Inhalten zu beschäftigen, und der Wille, diese zu verstehen. Das erwünschte Ergebnis, nämlich nachhaltiges Wissen, erhält man von ganz alleine. Dieses Wissen muss dann auch gar nicht mehr abgeprüft werden. Wir können auf sein Vorhandensein ebenso vertrauen, wie wir auf das Vorhandensein anderer Fertigkeiten vertrauen.

Niemand prüft, wie ein Kind geht und ob es die Füße auch korrekt und im richtigen Abstand voreinander setzt. Niemand lässt eine Arbeit darüber schreiben, wie Kinder das Besteck beim Mittagessen benutzen. Wir zeigen den Kindern, wie es geht, und lassen sie so lange üben, wie sie brauchen. Am Ende gehen sie mit Messer, Gabel und Löffel korrekt um. Darauf vertrauen wir, und das können wir auch. Wann genau es so weit sein wird, interessiert uns nicht, denn wir wissen, dass es zur rechten Zeit sein wird. Der Output ist uns insofern wichtiger.

Bildung ist nichts Statisches. Sie ist etwas Fluides und Individuelles. Über die Jahre hinweg bin ich mehr und mehr zu der Einsicht gelangt, dass es eine Allgemeinbildung als solche nicht gibt und geben kann. Allgemeinbildung wäre statisch und stünde damit im Widerspruch zum Begriff der Bildung. Wollen wir dennoch weiter von Allgemeinbildung sprechen, so können wir sie lediglich als eine Art Grundbildung ansehen, auf der aufbauend jedes Individuum seine eigene Bildungspräferenz verfolgt. Dabei ist wesentlich, dass dies bereits weit vor dem heute üblichen Zeitpunkt des Starts dieser individuellen Bildungspräferenz, dem Schulabschluss, geschieht.

Wir müssen uns also in der Schule, insbesondere im Gymnasium, von dem Begriff der (vertieften) Allgemeinbildung lösen, die nichts anderes ist als vertieftes Wissen über viel Unnützes, von Menschen definiert, die für ihre eigene sichere Verortung in der Gesellschaft ein starres Wissensgerüst benötigen. An seine Stelle muss der Begriff der Grundbildung treten, an die sich die individuelle Bildung anschließt.

Individuelle Bildung ist auf mehr Freiraum angewiesen. Die Aufgabe der Schule wäre in diesem Kontext die Schaffung von Grundwissen und von Lernmöglichkeiten auf verschiedenen Gebieten, ausgerichtet an den individuellen Bedürfnissen und Wünschen der Schüler/innen. Es ginge in der Schule nicht mehr darum, Schüler/innen zu beurteilen, sondern ihnen zu ermöglichen, zu wachsen, sich zu formen und ihre Persönlichkeit bestmöglich zu entwickeln.

Ist es nicht das, was wir für unsere Kinder wirklich wünschen? Ist das nicht der Grund, warum wir sie in die Schule schicken?

Die meisten von uns schicken sie aber in die falsche Schule, in eine Schule, die unseren Wünschen für unsere Kinder nicht gerecht wird. Nur manche Eltern machen es besser. Sie schicken ihre Kinder auf teure Privatschulen. Als Bürger eines solidarischen Staates sollten wir der Gerechtigkeit halber für alle Schüler/innen einfordern, was den wenigen bereits zugutekommt: gute, kindgerechte und zukunftsfähige Schulen für alle.

Ohne eine Revolution wird es diese Schulen nicht geben. Ein Umbau unseres bisherigen Schulsystems ist kaum möglich. Die Beharrungskräfte sind zu groß, die gesetzlichen Vorgaben zu starr und stupide. Deswegen kann eine Revolution nur die Abschaffung unserer bisherigen Schulen und die Schaffung neuer Lernorte bedeuten. Dafür brauchen wir Kraft und Mut. Unsere Kinder und ihre erfolgreiche Zukunft sollten uns jede Anstrengung wert sein.

ÜBER DEN AUTOR

Oliver Hauschke studierte Wirtschaftswissenschaften, Geschichte und Politik. Seit 2000 unterrichtete er verschiedene Fächer an Gymnasien und Gesamtschulen. Als Schulleiter baute er ab 2009 erfolgreich eine gymnasiale Oberstufe auf. Er ist Vater von zehn Kindern, sechs davon schulpflichtig. Einst Fürsprecher klassischer Schulbildung, sieht er heute die Dringlichkeit radikaler Veränderungen in unserem Bildungswesen, erlebte er doch selbst, wie schwierig dies in Schulen wirklich ist.

WEITERFÜHRENDE INFORMATIONEN

ALLGEMEINES

»Blick über den Zaun«: Verbund reformpädagogisch engagierter Schulen; http://www.blickueberdenzaun.de/

Das Deutsche Schulportal: https://deutsches-schulportal.de/

John Hattie: *Visible Learning*, Abingdon-on-Thames 2008

Richard David Precht: *Anna, die Schule und der liebe Gott*, München 2013

Ivan Illich: *Deschooling Society*, London 1970

Raimund Pousset: *Schafft die Schulpflicht ab!*, 2. überarbeitete Auflage, Nürnberg 2011

Peter Struck: *Die 15 Gebote des Lernens*, Darmstadt ^{5}2007

Ders.: »Die deutsche Sprache ist ungeeignet für die Methode ›Schreiben nach Gehör‹«, *Frankfurter Rundschau*, 4. Januar 2018

Ders.: »Deutschland braucht nicht nur mehr Lehrer, sondern vor allem auch mehr gute Lehrer«, *Frankfurter Rundschau*, 28. August 2018

Ders.: »Dramatischer Lehrermangel in Sicht – Wie macht man den Lehrerberuf attraktiver?«, *Frankfurter Rundschau*, Februar 2018

Ders.: »Lehrermangel ist nicht neu – aber früher war Lehrersein ganz anders und gewiss nicht besser«, *Frankfurter Rundschau*, 3. September 2018

Ders.: »Helikopter-Eltern und ihre verplanten Kinder«, *Frankfurter Rundschau*, 18. August 2018

Ders.: »Warum lassen unsere Viertklässler nach?«, *Frankfurter Rundschau*, 16. Oktober 2017

Ders.: »Jedes Kind darf eigentümlich sein«, *Frankfurter Rundschau*, 23. November 2018

Ders.: »Moderne Schulen orientieren sich an den Ergebnissen der Hirnforschung«, *Frankfurter Rundschau*, 13. Oktober 2018

Ders.: »Kinder lernen heute anders«, *Frankfurter Rundschau*, 26. Oktober 2012

Ders.: Neue Regeln für die Schule; https://www.shz.de/11390231, 2018

Ders.: Die 15 Gebote des Lernens. Vortrag von Dr. Peter Struck, https://vimeo.com/6312008

MEHR FREIRÄUME SCHAFFEN

Montessori-Oberschule Potsdam, https://deutsches-schulportal.de/konzepte/neue-lernstrukturen-raum-und-zeit-gestalten/

DIGITALISIERUNG

Bundeszentrale für politische Bildung: DIGITALE BILDUNG IN DER PRAXIS; werkstatt.bpb.de

Realschule am Europakanal, Erlangen; https://deutsches-schulportal.de/konzepte/digitale-schule-kreativ-arbeiten-und-selbststaendig-lernen/

Peter Struck: »Ist das Digitale Lernen eher ein Fluch oder eher ein Segen? – Die Wahrheit liegt wie immer in der Mitte«, *Frankfurter Rundschau*, 10. April 2018

AUFLÖSUNG VON JAHRGANGSKLASSEN

Freiherr-vom-Stein-Schule, Neumünster; https://deutsches-schulportal.de/konzepte/selbstgesteuertes-lernen-projektarbeit-mit-paedagogischen-instrumenten/

BIOCHRONOLOGIE

Alice Ahlers: »Lernen gegen den Bio-Rhythmus«, *Frankfurter Rundschau*, 21. Oktober 2011; http://www.fr.de/wissen/lernen-gegen-bio-rhythmus-11366716.html

Stefanie Reinberger: »Zu früh zum Lernen«, Spektrum.de, 6. August 2015; https://www.spektrum.de/magazin/chronobiologie-acht-uhr-ist-zu-frueh-zum-lernen/1357728

Kristina Schröder: »Sollen die Kinder länger schlafen, Frau Schröder?«, *Hannoversche Allgemeine*, 27. Dezember 2015; http://www.haz.de/Sonntag/Gastkommentar/Spaeter-aufstehen-besser-lernen-Gastbeitrag-von-Dr.-Kristina-Schroeder

Peter Struck: »Montags-Syndrom und Neun-Uhr-fünf-Effekt«, *Frankfurter Rundschau*, 22. November 2018

Ders.: »Schlaf noch mal drüber! – Lernen, wie man lernt«, *Frankfurter Rundschau*, 24. Februar 2018

RHYTHMISIERUNG

»Einzigartiges Projekt: Schule in NRW führte Gleitzeit ein«, *Focus online*, 17. März 2016; https://www.focus.de/familie/schule/einzigartiges-projekt-schlafen-in-der-ersten-stunde-noch-schule-in-nrw-fuehrte-gleitzeit-ein_id_5364869.html

Matthias Kaufmann: »Unterrichtsbeginn: Gymnasium testet Gleitzeit für Schüler«. Interview mit Wilfried Bock, Schulleiter des Gymnasiums der Stadt Alsdorf«, *Spiegel online*, 18. März 2016; http://www.spiegel.de/lebenundlernen/schule/alsdorf-gymnasium-testet-gleitzeit-fuer-schueler-a-1082875.html

»Gymnasium führt dauerhaft ›Gleitzeit‹ für Schüler ein«, *Der Westen*, 10. April 2016; https://www.derwesten.de/politik/schule-und-campus/gymnasium-fuehrt-dauerhaft-gleitzeit-fuer-schueler-ein-id11719762.html

ANMERKUNGEN

1 Manuel Hartung: »Im Leererzimmer«, *Die Zeit* 35/2018.

2 Johannes Venema, *Zum Stand der zweiten Lautverschiebung im Rheinland*, Mainzer Studien zur Sprach- und Volksforschung 22, Franz Steiner Verlag, Stuttgart 1997, S. 310

3 Vgl. »Chancen«, *Die Zeit* 33/2018 vom 9. August 2018.

4 https://de.wikipedia.org/wiki/Farbkreis

5 Manuel Hartung: »Im Leererzimmer«, *Die Zeit* 35/2018.

6 http://www.deutschland-frankreich.diplo.de/Elysee-Vertrag-22-Januar-1963,347.html

7 Niedersächsisches Kultusministerium (Hrsg.): *Kerncurriculum für das Gymnasium Schuljahrgänge 5–10*. Geschichte, Hannover 2015, S. 12ff.

8 Michael Sauer (Hrsg.): *Geschichte und Geschehen*, Stuttgart 2016, Bde. 3 und 4.

9 NDR-Interview mit Georg Schmidt über den Dreißigjährigen Krieg, https://www.ndr.de/kultur/Georg-Schmidt-ueber-30-jaehrigen-Krieg,journal1312.html

10 https://www.deutschlandfunk.de/der-dreissigjaehrige-krieg-und-seine-lehren-historisches.1148.de.html?dram:article_id=406331

11 Niedersächsisches Kultusministerium (Hrsg.): *Kerncurriculum für das Gymnasium Schuljahrgänge 5–10*. Musik, Hannover 2017, S. 5.

12 Ebd., S. 17ff.

13 https://www.haufe.de/personal/hr-management/arbeitsumgebung-beeinflusst-motivation_80_454586.html

14 Wilhelm Bauer u. a. (Hrsg.): *Fraunhofer IAO. Die Rolle der Arbeitsumgebung in einer hyperflexiblen Arbeitswelt. Ergebnisse aus dem Verbundforschungsprojekt Office 21®*; https://www.iao.fraunhofer.de/lang-de/leistungen/mensch-und-arbeitswelt/arbeits-und-bueroumgebungen.html

15 RdErl. d. MK v. 22.3.2012 – 33-82100 (SVBl. S.266): Hausaufgaben an allgemein bildenden Schulen

16 Bayerisches Gesetz über das Erziehungs- und Unterrichtswesen (BayEUG) in der Fassung der Bekanntmachung vom 31. Mai 2000 (GVBl., S. 414, 632) BayRS 2230-1-1-K; http://www.gesetze-bayern.de/Content/Document/BayEUG-2?AspxAutoDetectCookieSupport=1